피케티의
『21세기 자본』
CAPITAL
in the Twenty-First Century
바로읽기

피케티의 『21세기자본』 바로읽기

안재욱, 현진권 편저

CAPITAL

in the Twenty-First Century

백년동안

서문

토마 피케티(Thomas Piketty)의 『21세기 자본』은 전 세계적인 베스트셀러다. 이제 한국에서도 많은 사람들이 번역본을 읽어볼 것이다. 따라서 많은 사람들이 피케티식으로 생각하고, 한국 사회를 비판할 것으로 생각한다. 한 사람의 사상은 많은 사람의 행동을 지배한다. 그래서 사상은 한 사회의 발전에 중요하다. 피케티 책자는 분명 세계의 많은 사람들에게 인기 있는 책이지만, 우리 사회의 발전에 도움이 되는 사상인지 비판적으로 검토할 필요가 있다.

피케티의 책자는 오랜 기간 연구한 결과다. 주요 선진국가를 대상으로 300년간의 소득과 부의 자료를 통해 각국의 불평등 수준을 실증적으로 측정한 결과를 보여 준다. 이는 과거 누구도 하지 못한, 경제학 분야에서 지대한 공헌으로 평가할 수 있다. 그러나 소득과 부의 불평등 흐름을 설명하는 이론에 대해서는 조심스럽게 해석할 필요가 있다. 특히 선진국의 불평등 실태를 설명한 자료와 이론을 한국에 적용할 때는 더욱 조심해서 접근해야 한다.

피케티는 300년 동안의 불평등 추세를 통해, 자본주의 제도의 한계를 세 가지 간단한 법칙을 사용하여 지적하였다. 즉 자본주의가 발달할수록, 소수의 부유계층에 자본이 집중될 수밖에 없으므로, 분배 구조의 불평등은 더욱 악화될 것으로 전망했다. 그리고 이를 해결하기 위한 정책대안으로 자본에 대한 높은 세금정책을 제안하였다. 피케티 이론은 단순한 모형이지만, 300년 간 불평등 추이를 구체적인 지표를 사용하여 뒷받침하니, 그 설득력은 매우 높다. 세계적 베스트셀러가 될 수 있었던 배경이다.

모든 이론이 다 그러하듯이, 이론으로 정립하기 위해선 현실을 단순화하는 과정을 거쳐야 한다. 이런 과정에서, 대부분의 이론들은 중요한 현실을 너무 단순하게 처리함으로써, 현상을 설명하는 데 한계를 가진다. 피케티 이론도 이런 맥락에서 검토 및 평가되어야 한다. 막연히 세계적 베스트셀러라고 해서 맹목적으로 이론을 추종하고, 무차별적으로 한국에 적용하는 실수를 범해선 안 된다.

본 책자는 피케티의 이론 구조를 한국적 시각에서 비판한 일곱 분의 글을 모은 것이다. 필자들이 공통으로 주장하는 내용은 피케티의 불평등 추세에 대한 해석을 좀 더 균형 잡힌 시각으로 접근하자는 것이다. 불평등은 분명 바람직하지 않은 사회현상이지만, 이를 높은 세금으로 교정하는 정책은 빈곤 속의 평등을 만든다. 피케티는 불평등을 자본소유 메커니즘으로 설명하였다. 그러나 피케티의 이론구조에서 경제발전이란 또 다른 지표를 첨가해서 경제 구조를 보면, 피케티의 설명은 설득력을 잃게 된다.

본 책자는 한 분의 철학자와 여섯 분의 경제학자들이 각자 세부전공 분야에 따라 자유롭게 집필하였다. 신중섭, 좌승희 교수의 글은 피케티가 보는 불평등에 대해 경제철학적 관점에서 비판하였다. 다른 다섯 분의 글은 피케티 책자의 구체적인 내용을 중심으로 비판하였다. 필자의 세부전공 분야에 따라 조세 정책, 한국의 거시경제 실태, 자본의 의미 등을 부분적으로 집중 조명하였다. 다양한 세부전공으로 인해 피케티의 시각을 좀 더 종합적으로 분석하는 보완적 역할을 하였다.

피케티가 제시한 300년간 주요 선진국가의 불평등 실태 자료는 세계 경제학계에 매우 지대한 공헌임이 틀림없다. 그러나 이러한 소중한 자료를 바탕으로, 특정 사상을 주장하기 위해서는 좀 더 보편타당한 이론이 뒷받침되어야 한다. 특히 한국현실은 피케티가 연구한 대상 국가들과는 본질적으로 다르다. 필자들은 피케티 책자를 진영논리로 몰아붙여 평가절하하려는 의도는 절대 없다. 단지 같은 분야를 연구하는 전문가로서, 불평등 현상을 좀 더 넓은 시각에서 보고 정책을 제시하자는 것이다.

한국경제는 저성장 기조에 빠졌다는 평가가 많이 발표되는 요즈음이다. 피케티의 경제이론이 한국경제 성장에 도움이 되지 않고, 오히려 우리 사회를 분열 및 대립시킨다면, 책자 한 권으로 인해 우리 사회가 치르는 경제적 비용이 너무 큰 셈이다. 그런 의미에서 본 책자를 통해 독자들이 우리 사회가 발전하는 데 도움이 되는 건설적인 시각을 가지고, 피케티 이론을 비판적 시각으로 보았으면 하는 바람이다.

2014년 8월

안재욱, 현진권

PART 2 배 아픔 정서를 부추기는 피케티 경제학

_현진권(자유경제원 원장)

PART 3 가난으로 인도하는 피케티의 『21세기 자본』

_안재욱(경희대학교 경제학과 교수)

PART 4 신화(myth)와 열병(fever)의 『21세기 자본』

_조동근(명지대학교 경제학과 교수)

PART 5 『21세기 자본』의 오류와 한국의 소득분배

_오정근(한국경제연구원 초빙연구위원)

PART 6 자본 이론 없는 자본 분석은 현상을 오도할 뿐이다

_김영용(전남대학교 경제학부 교수)

PART 7 경제평등의 열풍에 답한다 : 경제적 불평등은 경제번영의 필요조건이다

_좌승희(KDI 국제정책대학원 교수)

Part 1

피케티의 『21세기 자본』에 대한 철학적 비판

신중섭 (강원대학교 윤리교육과 교수)

Chapter 1

사라지지 않는 2분법

세계를 둘로 나누는 기준은 시대에 따라 변한다. 과거에는 신분으로, 현대에는 소득과 부(富)로 나뉜다. '하나의 인류' '두 개의 세계'는 항상 불안정하고 긴장이 존재한다. 과학기술의 경이로움에 감탄하였던 베이컨(Francis Bacon)은 과학기술이 모든 사람에게 기회와 풍요, 행복을 보장하는 과학기술의 유토피아 '아틀란티스(Atlantis)'를 꿈꾸었다. 그가 상상한 과학기술의 유토피아가 아직 도래하지 않아, 모든 사람이 함께 잘사는 하나의 세상, 하나의 유토피아는 존재하지 않는다. 두 개의 세상이 선행(善行)이나 종교적 믿음이 아니라 부나 소득으로 나뉘어 현실에서 대립한다면 인류의 미래는 어떻게 될까?

블롬캠프(Neill Blomkamp) 감독이 만든 공상과학(SF) 영화「엘리시움(Elysium)」[1]은 부를 기준으로 갈라진 두 개의 세계를 극적으로 그렸다. 원래 '엘리시움'은 그리스 로마 신화에 나오는 이상향으로, 신과 관련이 있는 사람이나 영웅들이 죽은 뒤에 가는 곳이다. 나아가 선택된 자들, 바르게 산 자들, 영웅적인 삶을 산 자들도 '엘리시움'에서 축복되고 행복한 삶을 산다. 그러나 영화「엘리시움」에서는 부자들만 그곳에 산다.

21세기 말 지구는 병들고 오염되고 인구는 폭증하였으며, 서기 2154년 지구의 사람들은 둘로 갈라졌다. 부자들은 지옥 같은 지구를 버리고 초호화 우주 도시 엘리시움을 건설하였다. 푸른 녹지로 가득 찬 새로운 삶의 터전, 엘리시움의 주민들은 하루 종일 로봇들의 시중을 받고 아프지도 늙지도 않는다. 무슨 병이 걸리든 엘리시움에서는 치료 부스에 들어가기만 하면 병이 완치된다.

엘리시움을 유지하는 것은 지구 도시 로스앤젤레스 시민의 노동이다. 지구는 엘리시움의 식민지다. 엘리시움에서는 첨단 과학 기술과 로봇을 이용하여 지구를 통제하고 감시한다. 엘리시움에서 필요한 것들을 조달하기 위해 지구인을 값싼 노동력으로 착취하면서 위험한 일을 강제한다. 열악한 지구에서 병든 사람들은 엘리시움으로 가기 위해 셔틀을 타고 위험한 모험을 하지만 이 셔틀을 발견한 엘리시움의 국방장관은 가차 없이 그 셔틀을 격추시킨다. 영화「엘리시움」은 극심한 빈부격차로 인한 두 세계, 두 계급의 이야기를 통해 세계화 이후 심화되고 있는 양극화와 불평등의 문제를 부각시켰다.

영화「엘리시움」은 불평등이 야기한 '부자의 나라인 엘리시움'과 '가난한 자의 나라인 황폐한 지구'를 대비시켰다. 이 영화는 엘리시움에 침투한 지구인들이 컴퓨터 프로그램을 재부팅하여 엘리시움 시민이 되는 것으로 끝을 맺는다. 가난한 사람들이 부자들의 나라를 정복한 것이다.

이 영화는 미국 사회에 존재하는 불평등의 문제를 공상과학 영화를 통해 조명한 것이다. 이 영화는 현실적으로 존재하는 불평등이 두 나라를 만들고, 부자와 가난한 자들은 다른 삶을 살 수밖에 없다는 것을 보여 준다. 뿐만 아니라 "부자가 잘 사는 것은 가난한 자를 착취했기 때문이다"라는 메시지도 담고 있다.

Chapter 2

피케티의 기본 주장

다음 표[2]가 보여 주는 것과 같이 미국에서 부의 불평등이 심화되고 있다. 미국에서 상위 1%가 차지하고 있는 부의 몫이 1928년 43% 정도로 최고점에 도달하고, 1978년에는 25% 아래로 떨어졌다가 다시 올라 2013년에는 40%에 도달하였다.

상위 10%가 차지한 부의 몫은 1937년에는 80%를 넘었다가 1987년 60%로 내려왔다가 다시 2012년에는 75%에 육박하고 있다. 상위 10%가 차지하는 비율이 낮아질수록 나머지 90%가 차지하는 부의 몫은 늘어난다. 2012년도 상위 10%가 차지하는 부의 몫이 75% 정도이고, 나머지 90%가 차지한 몫은 25% 정도이다.

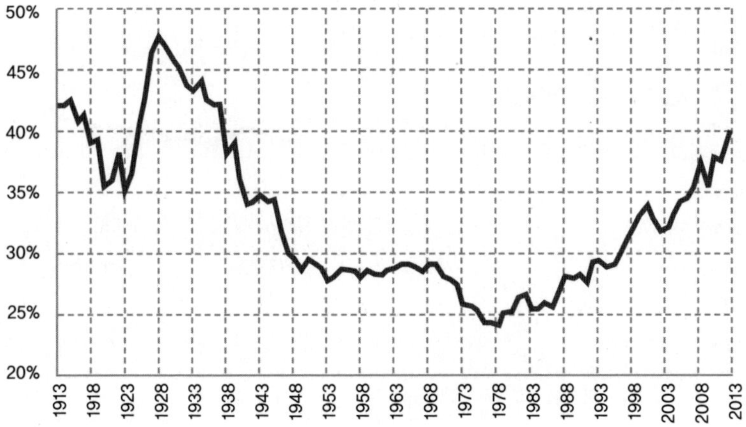

1913~2013년 미국 상위 1%의 부

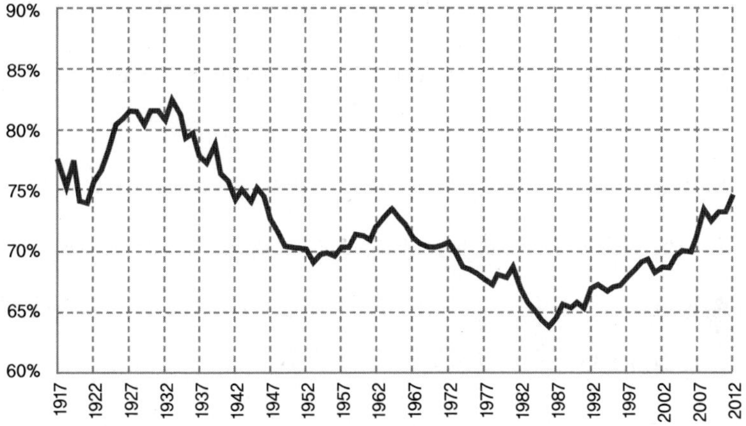

1917~2012년 미국 상위 10%의 부

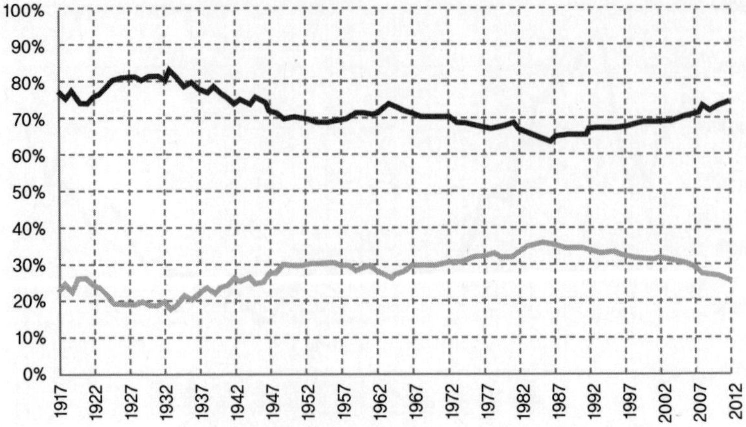

1917~2012년 미국 상위 10% 대 하위 90%의 부

프랑스의 젊은 경제학자 피케티는 불평등의 문제를 정형화하여 정치경제학적으로 접근하였다. 그는 세계적으로 주목을 받아 베스트셀러가 된『21세기 자본(Capital in the Twenty-First Century)』에서 지난 300년 동안 여러 나라에서 불평등이 얼마나 심화되었는가를 실증적 자료를 통해 입증하였다. 그에 따르면 부자와 그렇지 않은 사람 사이의 불평등은 앞으로도 심화될 수밖에 없는 자본주의의 본질에 해당한다. 피케티는『21세기 자본』의 결론을 다음과 같이 종합적으로 정리하였다.

사유재산에 기초한 시장경제는 그대로 두면, 특히 지식과 기술의 확산과 결합하여 강력한 수렴력을 가지고 있다. 또한 시장경제는 강력한 발산력도 가지고 있어, 그 발산력은 민주주의 사회를 잠재적으로 위협하고 민주주의 사회가 기초하고 있는 사회정의라는 가치를 위

협한다(Piketty, p.571).[3]

피케티는 불평등은 사회정의라는 민주주의의 기초를 붕괴시킴으로써 '세습자본주의' 사회를 초래할 것이라고 경고한다. 불평등의 원인은 소득과 부의 차이인데, 자본에 의해 부가 축적되기 때문에 부를 상속받는 부자는 영원히 부자이고, 그렇지 않은 사람에게는 부를 쌓을 수 있는 기회가 없어 불평등은 더욱 심화된다는 것이다. 그러나 불평등은 하느님의 법칙이 아니라 사회질서에서 정치경제학의 문제이기 때문에, 자본주의를 민주적으로 통제하여 불평등을 해소해야 한다고 피케티는 생각한다. 그는 "자본주의와 시장이 민주주의의 노예가 되어야 한다. 그 반대가 되어서는 안 된다"라고 주장한다. 나아가 "민주주의는 자본주의를 다시 통제할 수 있고, 경제의 개방성을 유지하면서도 사적 이익이 아니라 일반적 이익을 보장할 수 있다"라고 믿는다.

피케티는 불평등을 심화시키는 '세습자본주의'를 바로잡기 위해 누진적 재산세와 소득세, 상속세를 제안한다. 현재와 같은 상태에서는 자본에 과도한 세금을 부과하면, 자본은 국경을 넘어 다른 곳으로 옮겨간다. 이를 방지하기 위해 '글로벌 세금'이 필요하다. 세금을 국가 차원이 아니라 전 지구적 차원에서 부과하자는 것이다. 피케티는 당장 이러한 세금이 실현될 가능성은 낮지만 언젠가는 실현될 수 있다고 믿는다.

마르크스(Karl H. Marx)와 달리 피케티는 자본주의의 파괴가 아니라 자본주의에 대한 민주적 통제를 통해 자본주의를 보존하려고 한

점에서 자본주의를 부정하는 극단적인 사회 혁명가들과는 구분된다. 피케티가 좌와 우 양쪽으로부터 비판을 받으면서, 크루그먼(Paul R. Krugman)과 같은 경제학자의 지지를 받는 것도 그의 평등주의 때문이다. 『21세기 자본』에는 여러 경제학적 통계와 분석이 나오지만 결국 롤즈(John Rowls)와 같이 조세를 통한 재분배를 불평등 해소책으로 제안하고 있다.

피케티가 『21세기 자본』에서 주장한, 부와 소득의 불평등이 심화되는 현상과 대책을 다음과 같이 정리해 볼 수 있다.

① 부와 소득의 불평등은 자본주의의 본질적 모습이다.
② 21세기에 부와 소득의 불평등은 더 강화되었고, 앞으로도 더 심화되어 '세습자본주의'가 도래할 수도 있다.
③ 불평등이 심화되는 이유는 자본수익률이 경제성장률을 앞서기 때문이다.
④ 소득과 부의 불평등의 역사는 항상 정치적이다.
⑤ 마르크스는 혁명으로 자본주의는 종말을 맞이할 것이라고 주장하였다.
⑥ 마르크스의 주장과 달리 자본주의는 정치적 결단을 통해 개선될 수 있다.
⑦ 소득과 부의 불평등을 해소할 수 있는 가장 이상적인 방법은 부에 대한 누진적 글로벌 과세이다. 다른 방법으로는 자본에 대한 정치적 통제 등이 있다.

Chapter 3

인류의 역사와 함께한 불평등

빈곤은 인류의 오랜 친구였다. 먹어야 사는 인간이 먹이를 구하기가 어려워 빈곤을 피할 수 없었다. 식물은 광합성을 통해 자신의 생명을 유지하지만, 동물은 그렇지 않다. 먹을 것이 없으면 죽는다. 먹이가 종의 개체수를 조절한다는 것은 잘 알려진 과학적 사실이다. 생태계에선 먹이와 포식자는 자연스럽게 균형을 이룬다. 이것을 생태적 균형이라 부른다. 생명의 연쇄는 오랫동안 깨어지지 않고 유지되었다. 인간도 오랫동안 이 생명의 연쇄에서 벗어나지 못했다. 먹이를 구하기 위한 방책 가운데 하나는 전쟁이었다. 힘으로 먹이를 약탈하는 것이다.

먹을 것이 없으면 죽어야 한다. 먹을 것이 부족할 때 사람들은 죽는 순서를 정했다. 일본 영화 「나라야마 부시코(楢山節考)」는 이런 사실을 잘 보여 준다. 우리의 '고려장'도 종족 차원에서 종을 유지하기 위한 지혜에서 나온 것이다.

인류는 정착하고 농작물을 경작하면서 빈곤의 문제를 해결하려고 하였지만 완전히 성공하지는 못했다. 다만 조금 나아졌을 뿐이다. 인류가 빈곤에서 탈출할 수 있도록, 극적인 계기가 된 것은 과학기술과 자본주의의 발전이다. 인구가 가파르게 증가하는 계기가 된 것도 바로 과학기술과 자본주의의 발전이다. 불과 200~300년 전의 이야기다. 200~300년은 태양계의 역사에서 보면 지극히 짧은 기간이다.

그런데 자본주의의 발전은 인구 증가와 함께 또 다른 문제를 몰고 왔다. 바로 불평등이다. 물론 불평등이 자본주의 사회에서 처음 출현한 것은 아니다. 인류학자들의 연구에 따르면 불평등은 오래 전부터 있어 왔다. 인류학자들은 불평등을 신석기 혁명 이후 농경사회의 산물로 여겼다. 동서양을 막론하고 사회적 불평등이 중세 시대 이후에 발생한 현상은 아니다. 그런데 테스타(Alain Testart)에 의하면 불평등은 선사 시대까지 거슬러 올라간다. 불평등은 농경사회에서뿐만 아니라 이미 수렵채집 사회에서도 존재하였다.[4] 이런 사실은 『사이언스』[5]에 실린 최근 논문에서도 거듭 확인된다. 인간 사회에서 불평등은 피할 수 없는 불가피한 현상임을 보여 주는 것이다.

Chapter 4

자본주의와 불평등

그럼에도 불평등은 마치 자본주의만의 특성으로 규정돼 뜨거운 논쟁이 되고는 한다. 불평등이라는 말은 사람들의 피를 뜨겁게 한다. 집단적인 감정의 분출로 정치적 이익을 노리는 사람들은 항상 불평등에 호소한다. 대부분의 혁명은 불평등이 달군 뜨거운 피의 산물이다. 불평등은 선동의 진원지다. 많은 사람들은 아직까지 남아 있는 부와 소득의 불평등도 해소되어야 한다고 믿는다.

리카도(David Ricardo)와 마르크스는 산업혁명 초기에 낮은 임금과 부의 집중을 목도하고 자본주의의 지속가능성에 대해 의문을 제기하였다. 그러나 경제가 점차적으로 성장하고 빈곤의 문제가 어느 정도 해소되면서 20세기의 경제학자들은 분배 문제에 대해 큰 관심을 기울이지 않았다. 그런데 최근에 경제 불황과 불평등의 심화로 경제학자들은 마르크스와 리카도의 전통을 이어받아 불평등의 문제에 관심을 집중하기 시작하였다. 이들은 자본주의의 과실(果實)을 널리 분배하여 불평등을 멈추어야 한다고 주장한다.

피케티의 『21세기 자본』은 다시 불평등의 문제에 불을 붙였다. 이 책이 2014년 3월 영어로 번역되자마자 돌풍을 불러일으키고 있다. 이 책은 19세기의 고전인 마르크스의 『자본』을 연상시킨다. 실제로 그는 불평등을 문제 삼은 여러 경제학자들을 거론하면서, 자신의 출발점을 설명하고 있다. 피케티가 오래된 문제를 새롭게 제기했음에도 불구하고 많은 사람들에게 신선하게 느껴지는 이유는 과거의 논의들이 가지고 있지 못했던 지난 300년 동안의 부와 소득의 불평등에 대한 광대한 데이터를 제시했기 때문이다.

피케티는 20세기의 관습적인 지혜가 잘못되었다는 전제에서 출발한다. 그는 우선 1971년에 노벨 경제학상을 받은 쿠즈네츠(Simon Kuznets)의 이론이 잘못되었다는 사실을 지적한다. 경제 발전 초기에는 불평등이 심화되다가 발전이 성숙하면서 불평등이 완화된다는 그의 주장이 역사적 사실과 맞지 않는다는 것이다. 두 번째는 자본 이익의 비율이 시간의 경과에도 불구하고 대략 일정하다는 칼도어(Nicholas Kaldor)의 주장이 경험적으로 잘못되었다는 것을 보여 주기 위해 역사적 데이터를 제시하고 있다.

피케티는 제2차 세계대전 이후 자본수익률이 경제성장률을 앞지름으로써 극단적인 불평등이 초래되었고, 앞으로도 이런 추세는 계속될 것이라는 결론을 내린다. 이것을 자본주의의 근본적인 내재적 특성이라고 보기 때문이다. 뿐만 아니라 자본 세습을 통한 불평등의 심화는 '세습자본주의'를 초래하여 능력주의 사회를 잠식한다고 주장한다.

나아가 피케티는 자본주의는 증가하는 불평등을 자연적으로 되돌릴 수 있는 메커니즘을 가지고 있지 않기 때문에 불평등을 바로잡기 위해서는 외부의 개입이 필요하다고 주장한다. 경제 현상은 신의 행위에서 나온 것이 아니며, 정치적 행위를 통해 위험한 불평등은 교정될 수 있고, 과거에도 불평등을 바로잡은 경험을 가지고 있다는 것이다. 불평등을 바로잡기 위해서는 자본주의의 내적 메커니즘을 방치할 것이 아니라 외부에서 정치적 개입을 해야 한다는 논리이다. 그는 구체적인 정치적 개입의 수단으로 여러 가지 제안을 하였다. 피케티는 정치를 통해 불평등을 바로잡으려 한다는 점에서 혁명을 통해 자본주의를 전복하려고 한 마르크스와 구별된다. 경제 성장과 지식의 확산은 자본주의의 멸망이라는 마르크스의 종말론적 예언을 뒤로 하고, 부를 재분배하는 것을 가능하게 하였다는 것이다.

피케티는 상승하는 소득과 부의 불평등을 줄이기 위해 부자들에게 아주 높은 누진적 소득세와 제산세의 부과를 제안하였다. 불평등을 해소할 수 있는 올바른 방법은 매년 자본에 대해 누진적으로 세금을 부과하는 것이다. 그에 의하면 자본에 대한 누진적 세금은 경쟁과 새로운 자본축적의 유인을 유지하면서도 끝없는 불평등의 점진적 심화를 피할 수 있게 한다. 100만 유로 이하의 재산을 가진 사람에게는 재산에 대해 0.1% 또는 0.5%의 세금을, 100만 유로에서 500만 유로의 재산을 가진 사람에게는 1%의 세금을, 500만 유로에서 1,000만 유로를 가진 사람에게는 2%의 세금을, 1,000만 유로 이상의 재산을 가진 사람에게는 5%에서 10%를 부과할 것을 제안하였다(Piketty, p.572).

그러나 피케티의 주장은 여러 가지 문제를 안고 있다. 피케티는 자본주의의 본질적 특성으로 부와 소득의 불평등은 이미 '너무 높고', 앞으로도 계속 확대될 것이라고 주장한다. 그런데 그의 '너무 높다'는 판단은 사실 판단이 아니라 가치 판단이다. 가치 판단은 동일한 사실에 대해서도 다르게 내려질 수 있다. 너무 높다는 기준은 애매하고, 어느 정도가 되어야 너무 높지 않은가에 대해 합의를 보기 어렵다. 그것은 사실의 문제가 아니라 가치의 문제이기 때문이다.

피케티는 불평등은 앞으로도 더욱더 심화될 것이라고 예측하였다. 그러나 이것은 과학적 예측이 될 수 없다. 엄정한 과학 철학적 관점에서 볼 때 그의 예측은 과학적 예측이 아니라 도발적인 추측에 지나지 않는다. 수많은 인간의 행위로 이루어지는 경제 현상이나 사회 현상을 과학적으로 예측하는 것은 불가능하다. 자연과학에서는 일반법칙이 발견되면 일반법칙을 근거로 예측이 가능하다. 그러나 사회과학에 일반법칙은 존재하지 않는다.

사회과학에는 자연과학에 존재하는 엄밀한 의미의 법칙이 존재하지 않는다. 법칙이 아니라 추세는 존재할 수 있지만 추세는 지속되지 않을 수도 있다. 추세에 영향을 미치는 요인이 너무나 많기 때문이다. 따라서 경제 현상의 예측은 가능하지 않다. 지금까지 어떤 추세가 존재해 왔다고 할지라도 그것이 미래에도 지속될 것이라고 말할 수는 없다. 지금까지 집값이 계속 상승했다는 사실이 앞으로도 집값이 계속 상승할 것이라는 주장을 논리적으로 정당화하지는 못한다.

Chapter 5

세습자본주의

피케티가 많은 사람의 감성적 공감을 얻은 이유 가운데 하나는 그가 새롭게 부각시킨 '세습자본주의' 때문이다(Piketty, p.135, p257). 피케티는 앞으로 개인의 생활 수준은 그의 능력이나 노력이 아니라 그가 상속받은 재산에 의해 결정될 것이라고 확신한다. "부자도 삼대 가기 어렵다"는 속담이 틀렸다는 것이다.

우리 사회에서는 '가난의 대물림' '부의 대물림' '교육의 대물림'과 같은 '대물림'이 많은 사람의 감정을 자극하였는데, 이것이 바로 '세습자본주의'다.

조상으로부터 아무것도 물려받을 것이 없는 대부분의 사람들은 '대물림'에 대해서 감정적으로 반응하기 마련이다. '세습자본주의'라는 은유는 자본주의는 척결되어야 한다는 인상을 준다. '세습자본주의'라는 용어는 봉건사회의 신분제가 타파되어야 하듯이 '세습자본주의'도 타파되어야 한다는 주장을 포함하고 있다. 그런데 자식이 아버지의 가업을 물려받는 것도 세습인가? 오늘날과 같은 자유민주주의 사회는 '세습'이 존재하지 않음에도 불구하고 이런 주장이 나오는 이유는 무엇인가?

피케티는 낮은 경제 성장과 높은 자본수익률이 결합하여 불평등이 심화된 상태에서 자본 소유자가 그들의 소득을 계속 저축한다면 부는 늘어나고 늘어난 부는 그들 자식에게 상속된다. 이렇게 되면 개인의 생활 수준은 그들이 가진 기술이나 노력이 아니라 그들이 받은 유산에 의해 결정된다는 결론을 내렸다.

피케티는 오늘날의 자본주의가 '세습자본주의'이고, 그것이 경제와 사회에 극도로 나쁘기 때문에 부자들에게 엄청난 세금을 부과해야 한다고 주장한다. 상속세율을 낮추거나 폐지해야 한다는 주장은 비도덕적일 뿐 아니라 경제적으로도 나쁘다는 것이다.

피케티를 지지하는 크루그먼도 상속된 부가 경제에 미치는 영향을 부정적으로 평가한다. 그러나 비판적인 맨큐(Gregory Mankiw)는 상속된 재산이 경제에 긍정적인 영향을 미친다고 주장한다. 누구의 말이 맞는 것일까? 이것은 경험적으로 분석되고 증명될 수 있는 문제는 아니다. 찬성과 반대를 지지하거나 반박하는 경험적 증거가 많기 때문이다.

피케티가 말한 '세습자본주의'의 기준은 명확하지 않다. 그는 어느 자본주의가 '세습자본주의'인가 아닌가를 판단할 수 있는 기준을 제시하지 않았다.

재산 상속은 인류의 오랜 전통이다. 재산 상속이 자본주의 사회에서만 나타나는 특성은 아니다. 사유재산이 존재한 사회에서는 항상 재산 상속이 존재했다. 재산뿐만 아니라 신분까지 상속되어 온 것이 인류 역사의 대부분을 차지한다. 신분 세습이 존재하지 않는 사회는 역사에서 예외에 속한다.

Chapter 6

맨큐가 생각하는 상속의 유용성

하버드 대학교의 경제학자 맨큐[6]는 피케티의 주장을 비판하기 위해 왜 부모들이 자식들에게 재산을 물려주는가를 분석하면서, 피케티의 주장에 대해 근본적인 질문을 제기하였다. 왜 상속받은 부가 문제인가? 상속받은 부에 무슨 잘못이 있는가? 그는 부모들이 자식에게 유산을 남기는 이유를 세 가지로 설명한다.

첫째로 '세대간 이타주의(intergenerational altruism)'다. 이것은 부모는 자식을 돌본다는 평범한 전제에서 출발한다. 경제학자들은 이러한 현상을 '공리(utility)'라는 개념으로 단순화하였다. 공리란 만족 또는 행복이 충족되는 것을 의미한다. 가족 안에서 세대 간 이타주의는 한 세대의 공리가 다음 세대의 공리에 의존한다는 가정에서 출발한다. 부모와 자식 사이의 관계는 끊어지지 않고 계속 일어난다. 다음 세대는 그 다음 세대의 공리를 고려한다. 따라서 각각의 공리는 그 자신의 공리에만 의존하는 것이 아니라 그 다음 세대, 그가 결코 만날 수도 없는 그 다음 세대의 공리에도 의존한다.

둘째는 '완만한 소비(consumption smoothing)'다. 사람들은 재화나 서비스를 소비함으로써 공리를 얻는다. 그리고 '한계 효용'은 감소한다. 같은 것을 소비하면 할수록 그것에 대한 공리는 낮아진다. 20평 아파트에서 30평 아파트로, 30평 아파트에서 40평 아파트로 이사하면 공리가 증가하지만, 60평 아파트에서 70평 아파트로 이사한다고 해서 공리가 크게 증가하는 것은 아니다. 이런 이유로 사람들은 소비를 급격하게 늘리지 않는다. 1억 원을 가지고 매년 5,000만 원씩 2년 동안에 소비하는 것이 첫해에 8,000만 원을 소비하고, 그 다음해에 2,000만 원을 소비하는 것보다 낫다. 사람들은 '완만한 소비'를 통해 시간과 재산을 아껴서 그것을 다음 세대에게 물려준다.

셋째는 '중간으로의 회귀'다. 이것은 많은 변수들이 시간이 흐름에 따라 통상적인 수준으로 돌아가는 경향을 의미한다. 키를 예로 들어보자. 내가 평균 이상으로 키가 크면 나의 자식들은 평균 키보다 더 클 가능성이 높지만, 나의 키보다는 작을 가능성이 높다. 키의 사례는 소득에도 적용될 수 있다. 최근의 연구에 의하면, 소득 분배에서 내가 인구 가운데 98%보다 소득이 많다면, 나의 자식은 그들이 성인이 되었을 때 35% 안에 들 가능성이 높다. 그들은 평균보다 높은 소득을 갖겠지만, 나보다는 보통 사람의 소득 수준에 가깝게 될 것이다.

이런 이야기를 하면서 맨큐는 세대를 거치면서 중간으로 회귀하는 것은 국가의 전반적인 소득 불평등에 대해 이야기하는 것은 아니라고 말한다. 양자는 완전히 분리된 문제라는 것이다. 그러면서 그는 중간으로 회귀하는 현상은 극단적인 경우에도 잘 나타난다고 말한다. 록펠러(John D. Rockefeller)나 잡스(Steve Jobs)는 세계에서 가장 값진 회사를 건립하고 엄청난 부자가 되었지만, 그들 자식이 똑같은 위업을 달성하지 못하리라는 것은 분명하다.

이런 아이디어는 왜 최상층의 부자가 그들 가족에게 일정한 규모의 유산을 남기는가를 설명한다. 세대 간 이타주의 때문에 그들은 그들을 위해 소비하고 그들의 필요와 그들 자손의 필요를 위해 저축한다. 중간으로의 회귀 경향 때문에 그들은 그들 자손이 그들보다 경제적으로 덜 성공적일 것이라고 예상한다. 세대를 가로지르는 완만한 소비에 의해 그들은 그들의 소득 가운데 일부를 저축하여 미래 세대가 그것을 유산으로 받아 소비할 수 있도록 한다는 것이다.

이러한 논리 때문에 많은 사람들이 자신들이 가진 돈을 모두 소비하지 않고 자손들에게 유산으로 남긴다. 중간을 향한 회귀는 중간 이하에 있는 사람들에게는 좋은 소식이다. 그들 자손들은 그들보다 더 높은 단계로 올라갈 것이다. 중간 가까이 있는 사람들은 그들 자손이 자신들보다 더 높은 경제적 지위를 누릴 것이라는 기대를 할 수 있다. 그리고 손자 세대는 기술의 향상이 생산성을 높여 더 많은 소득을 얻을 것이다. 상위 계층에 속한 사람들은 이 세 가지 요소의 결합으로 상속된 부에 대해 중요한 역할을 하게 된다는 것이다.

정책적인 관점에서 볼 때 가족에 대한 직접적인 효과뿐만 아니라 더 넓은 경제에 대한 간접적인 효과까지 고려할 필요가 있다. 지난 수십 년 동안의 소득 불평등이 심화되어 소득 분위에서 아래 부분에 있는 사람들의 생활 수준이 충분히 성장하지 못했다. 그리고 부의 상속이 이런 현상을 더 심화시킨다고 우려할 수도 있다. 그러나 맨큐는 표준적인 경제 분석은 다른 모습을 보여 준다고 설명한다.

가족이 미래 세대를 위해 저금을 하면, 그 저금은 자본 투자로서 성장의 좋은 자원이 된다. 그 저금은 새로운 사업을 시작하거나 기존의 사업을 확장할 수 있도록 해 주는 자본 구실을 한다. 자본이 많으면 많은 만큼 기존 자본과 노동자의 수입에 영향을 미친다. 자본은 수익 감소의 효과를 받기 때문에 자본의 공급이 늘어나면 자본의 수익률은 줄어든다. 증가한 자본은 노동 생산성을 높이고, 노동자는 높은 임금을 받게 된다. 바꾸어 말하면 소비하지 않고 저축함으로써 자식들에게 유산을 남기는 사람은 자본 소유자로부터 노동자에게로 소득을 재분배하는 의도하지 않은 결과를 낳는다.

맨큐는 상속된 부가 경제적 위협은 아니라고 주장한다. 보통 이상으로 많은 소득을 얻은 사람들은 그들이 얻은 행운을 자손들과 나누어 갖고 싶어 한다. 이들처럼 행운을 타고나지 못한 사람도 어느 정도 행운을 얻는다. 부자들의 자본 축적은 생산성과 임금과 생활수준을 높인다는 것이다.

Chapter 7

위가 아니라 아래를

피케티의 관심은 부와 소득의 불평등, 특히 부의 불평등에 초점이 맞추어져 있다. 상위 0.1%, 1%가 차지하고 있는 부의 총량이 어떻게 증가해 왔는가에 주목하여 부가 극소수에게 집중되고 있음을 비판적인 관점에서 분석하면서 그들에게 높은 세금을 부과하여 부의 집중을 줄이자고 제안한다. 그의 정치경제학에는 1:99의 양분화가 숨어 있다. 1%의 부를 줄인다고 세상은 공평해질까? 상위 1%를 줄이면 또 상위 1%가 생길 것이다. 언제까지 줄여야 할까? 상위 1%의 부와 소득에 높은 비율로 세금을 부과해야 하는 이유는 무엇일까? 어떻게 그들에 대한 집중적인 과세가 도덕적으로 정당화될 수 있는가? 그들의 부의 축적이 합법적인 틀 안에서 이루어졌다면 높은 비율의 징벌적 과세는 도덕적으로 정당화되기 어렵다. 극소수의 부자 그룹에 속했다는 이유로 그들의 재산을 세금으로 거두어 갈 권리를 국가가 가지고 있는 것은 아니다.

불평등 해소라는 추상적 선을 명분으로 걸고 있는 피케티의 정치경제학은 자신을 부자로 여기지 않는 사람들의 지지를 받을 수는 있겠지만, 이는 포퍼(Karl Raimund Popper)가 비판한 유토피아적 사회공학이다. 유토피아적 사회공학은 국가 권력의 집중을 초래하고 결국 개인의 자유를 침해한다. 개인의 자유를 존중하면서 사회 문제를 해결할 수 있는 방법은 추상적인 선의 실현이 아니라 구체적인 악의 제거이다. '불평등 해소'라는 추상적인 목표보다는 '가난'이라는 구체적인 악의 제거가 사회적으로 실제적인 효과를 지닐 뿐 아니라 구체적인 성과를 이룩할 가능성이 높다. 이와 관련하여 포퍼는 다음과 같이 말한다.

> 추상적인 선을 실현하려고 하지 말고 구체적인 악을 제거하기 위해 노력하라. 정치적 수단을 사용하여 행복을 이룩하려고 하지 말라. 구체적인 비참함을 없애는 것을 목적으로 삼아야 한다. 좀 더 구체적으로 말하면, 직접적인 수단을 사용하여 가난을 없애려고 노력해야 한다. 예를 들어 모든 사람에게 최소한의 수입을 보장함으로써 가난을 없애려고 노력하라. 병원이나 의과대학을 건립하여 전염병이나 질병을 퇴치하기 위해 노력하라. 범죄와 싸우듯이 문맹과 싸워라. 그러나 이러한 모든 것을 직접적인 방법으로 행하라. 네가 살고 있는 사회에서 가장 긴급한 악이라고 생각되는 것을 선택하여, 사람들에게 우리가 그것을 해결할 수 있음을 인내력을 가지고 설득하라.[7]

불평등 해소가 아니라 가난을 문제 삼을 때 많은 사람들의 삶을 실질적으로 개선할 수 있고, 구체적인 성과를 측정할 수 있다. 그러나 피케티가 말하는 불평등의 해소는 추상적이고 성과를 측정하기가 어렵다. 도대체 어느 정도로 부와 소득이 분배되어야 불평등이 해소되었다고 할 수 있는가?

이런 맥락에서 보면 블라인더(Alan Blinder)의 지적은 매우 시사적이다. 그는 『월 스트리트 저널(Wall Street Journal)』에 기고한 글[8]에서 "상위층이 아니라 하위층을 걱정해야 하고, 부의 불평등보다 소득의 불평등에 초점을 맞추어야 한다"라고 했다. 그리고 그는 부의 불평등은 상속에서 유래하는 것이 아니라 거대한 소득 격차의 결과라고 하였다. 그는 1979년 공식적인 빈곤층이 11.7%였던 것이 2012년에는 15%로 올라갔다고 분석했다. 이 기간 동안의 실질적인 국내총생산(GDP)이 72% 성장했음에도 그런 빈곤층은 늘어났다는 것이다. 이렇게 된 이유 가운데 하나는 보편적 복지라는 이름으로 복지 혜택이 빈곤층에 집중되지 않고 중산층까지 확장되었기 때문이다. 복지는 빈곤층에 집중되어야 한다. 우리는 복지 수혜자를 대부분의 유권자에게 초점을 맞추어 보편적으로 시행할 것이 아니라, 수적으로 소수자인 빈곤층에 집중해야 한다. 보편적 복지는 정치적 계산일 뿐이고, 선별적 복지는 도덕적 정당성을 지닌다.

Chapter 8

피케티와 강력한 국가 개입

피케티는 “자본주의는 자동적으로 민주적 사회가 기초하고 있는 능력주의적 가치를 근본적으로 붕괴시키는 임의적이고 지속불가능한 불평등을 산출한다. 그럼에도 불구하고 민주주의에 의한 자본주의의 통제를 다시 회복하고, 사적 이익에 앞서 일반적 이익을 보장할 수 있는 방법이 있다(Piketty, p.1)”라고 주장한다.

피케티는 오늘날의 세습자본주의를 정치 제도를 통해 정의롭고 효과적으로 통제할 수 있다고 믿는다. 세습자본주의를 규제하기 위해 그가 제안한 것은 바로 자본에 대한 글로벌 세금이다. “글로벌 세금은 또한 다른 덕을 가지고 있다. 그것은 부를 민주적으로 감시할 수 있도록 한다. 민주적 감시는 은행 시스템과 국제적 자본 흐름을 효과적으로 규제하기 위한 필요조건이다. 자본에 대한 세금은 개방경제와 경쟁력을 유지하면서 사익 대신 공익을 증진할 수 있게 한다

(Piketty, p.471).” 피케티는 시장이 아니라 국가가 불평등을 바로잡아야 한다고 생각하고 있는 것이다.

그는 자본에 대한 ‘민주적 통제’를 위해 경제가 투명하게 공개되어야 한다고 주장한다. 민주주의가 자본주의를 통제해야 한다는 것(Piketty, pp.569~570)이 피케티 주장의 핵심이다. 피케티는 자본주의에 대한 민주적 통제는 소득과 부에 대한 누진적 과세를 의미하며, 이러한 과세는 사적 이익이 아니라 공적 이익을 촉진할 것이라고 믿는다. 피케티는 자유주의 경제학자들과 달리 자본에 대한 과세가 경제의 개방성과 경쟁력을 훼손하지 않을 것이라고 주장한다(Piketty, p.471).

피케티는 불평등을 해소할 수 있는 국가를 ‘사회적 국가’라고 하였다. 곧 민주주의가 자본주의를 통제하는 국가가 ‘사회적 국가(social state)’다(Piketty, p.471). ‘사회적 국가’는 사회적 시장경제와 어떻게 구별되는가? 사회적 시장경제는 사회주의와 자유방임 자본주의의 중간 형태로 이해된다. 사회적 시장경제를 지지하는 사람들은 제2차 세계대전 후에 독일의 ‘라인 강의 기적’을 이룬 경제학이 ‘사회적 시장경제’라고 말한다. 시장경제를 지향하면서도 자유방임적 시장경제와 다른 자본주의 모델이 바로 ‘사회적 시장경제’라는 것이다. 이런 사회적 시장경제가 독일의 경제장관 에르하르트(Ludwig Erhard) 시기에 전성기를 맞이하였고, ‘라인 강의 기적’을 성취하였다는 것이다.[9]

‘사회적’이라는 수식어는 여러 가지로 이해될 수 있지만, ‘사회적 시장경제’에서 ‘사회적’은 국민경제의 운용에 국가가 적절하게 개입한다는 것을 의미한다. 기업 사이의 공정경쟁, 노사 간의 힘의 균형,

약자에 대한 배려를 위해 정부가 선한 개입을 한다는 것이다. '사회적 시장경제'를 내세우는 사람들은 자유방임형 시장경제의 문제점을 지적하면서 그 문제점을 '사회적 시장경제'를 통해 해소할 수 있다고 주장한다. 사회적 시장경제에서 '사회적'은 '민주적'과 동일한 의미이다. 김대중 정부 시절 '민주주의와 시장경제의 병행 발전'도 '사회적 시장경제'의 다른 이름이다. 지난 대선 때 유행한 '경제민주화'도 넓은 의미에서는 '사회적 시장경제'와 맥을 같이한다고 할 수 있다. 말하자면 사회주의와 자본주의의 좋은 점만을 채택한 '제3의 길'이라는 것이다.

피케티는 불평등을 해소하기 위한 자신의 제안이 경제의 개방성과 경쟁력을 해치지 않는다고 주장함으로써 '누진적 조세'가 시장경제의 장점을 잠식하지 않는다는 사실을 부각시키고 있다. '누진적 조세'만을 '사회적 국가'의 핵심적인 역할로 규정하고, 경제 과정에 대한 국가 개입을 부정적으로 평가한다면 '사회적 국가'는 '사회적 시장경제'와 구별될 수도 있다. 그러나 피케티는 케인스(John M. Keynes)와 달리 경제 과정에 대한 국가 개입을 어떻게 보고 있는지를 분명히 밝히지는 않았다.

피케티에 동의하는 크루그먼은 세습자본주의가 어떻게 경제와 민주주의를 훼손하는가를 보충적으로 설명한다.[10] 크루그먼은 나아가 맨큐의 주장과 달리 가족 왕조의 부의 집중은 정치 경제를 왜곡하고, 민주주의의 기초를 위태롭게 한다고 주장한다. 크루그먼에 따르면 보수주의 경제학자들은 부자들이 자신들의 이익에 봉사하도록 공공 제도를 만들도록 하는, '규제 포획'의 위험성을 알지 못한다고 생각한다. 이것은 민주적 제도를 부의 집중이 포획하여 자신의 이익에 봉사하게 하는 것이다. 피케티는 부의 집중이 초래할 수 있는 부정적인 결과로 민주주의의 기초가 위태롭게 된다는 사실을 지적하였다.

크루그먼이나 피케티의 이러한 주장은 현대 민주주의의 난점으로 널리 지적된 것이다. 그들의 주장에 따르면 공공의 이익에 봉사해야 할 민주적 제도가 부자들의 이익에만 봉사한다는 것이다. 부자들은 자신들의 권력을 동원하여 의회와 정부를 움직여 자신들에게 유리한 정책을 입안하고 시행하도록 한다는 것이다. 돈 있는 사람들은 많은 정치 자금을 내고, 정치인은 정치 자금을 받은 사람들의 이익으로부터 자유로울 수 없다는 것이다. 뿐만 아니라 부자들은 언론을 장악하여 자신들에게 유리한 여론을 조성하고, 싱크탱크(think tank)를 통해 자신들의 이익이 공공의 이익인 것처럼 선전한다는 것이다.

이익 단체들의 이익을 조정하는 기구로서 정부를 설정하는 다원주의 국가론이 안고 있는 문제점은 이미 많이 지적되었다. 공공선택 이론가들도 정부가 공익에 기여하지 않고 이익단체의 대변자가 된다고 비판하면서, 정부까지도 하나의 이익 단체로 설정하였다. 이런 비판은 이미 마르크스가 자본주의 국가는 부르주아의 이익을 대변하는 자에 지나지 않는다고 비판한 것의 완화된 형태라고 볼 수도 있다.

국가의 이념은 공공의 이익을 창출하는 것이지만 실제로 그렇지 못한 것은 문제다. 이것은 다수의 이익과 이익 집단의 이익을 반영할 수밖에 없는 현실 민주주의의 한계다. 이런 민주주의의 한계를 극복할 수 있는 방법은 모색되어야 한다. 그러나 이런 한계를 인정한다고 해서 부의 집중이 민주주의의 기초를 붕괴시킨다는 주장이 도출되는 것은 아니다. 부자들의 공통된 이익이 독립적으로 존재하는 것도 아니고, 부자들도 서로 경쟁하기 마련이다.

따라서 부자들이 단결하여 의회나 정부에 권력을 행사하기는 어렵다. 그럼에도 불구하고 그렇게 하는 집단이나 개인이 있다면 이것은 명백히 법을 위반하는 것이 될 것이다. 이것은 부의 집중 때문에 야기된 문제가 아니고 의회와 정부가 부정한 행위를 한 것이다. 이런 사람들을 찾아 처벌하는 것이 국가의 의무이다. 특정 이익 집단이 자신들의 이익을 위해 국가를 '포획'하는 것을 방지할 수 있는 유일한 길은 '작은 정부(limited government)'뿐이다.

모든 사람이 입법과 정책에 자신의 이익이 반영되길 원한다고 해서 실제로 그렇게 되는 것은 아니다. 입법과 정책이 특정인이나 집단의 이익에 봉사하지 못하도록 막을 수 있는 가장 효과적인 정치제도는 토론과 비판을 허용하고, 모든 정보를 가능하면 넓고 투명하게 공개하도록 하는 민주주의뿐이다. 크루그먼이나 피케티가 부의 집중과 불평등이 민주주의의 기초를 붕괴시킬 것이라고 우려하는 것은 논리적으로 맞지 않는 말이다. 민주주의의 기초는 부의 집중이나 불평등에 의해 붕괴되는 것이 아니라 공공의 제도를 부정하게 이용하여 자신의 이익을 추구하려는 개인이나 집단에 의해 무너진다. 이런 사람을 잡아 처벌하고 그런 일이 일어나지 않도록 하는 것은 국가의 중요한 업무 가운데 하나이다.

Chapter 9

정당한 불평등

불평등은 사회정의와 밀접한 관계가 있다. '사회정의'에 반대하는 자유주의자들은 불평등은 정당하며, 긍정적인 역할을 수행한다고 주장한다. 평등주의자들은 사회정의를 실현한다는 명분으로 여러 가지 정책을 시행하려고 하지만, 이런 정책들은 모두 의도하지 않는 부작용을 초래한다. 곧 자유를 침해하고, '경제적 편익'에 손상을 초래하고, 도덕윤리를 파괴한다.[11]

첫째로 평등주의 정책은 자유를 침해한다. 불평등을 해소하기 위한 평등주의적 정책은 언제나 자유를 침해한다. 피케티와 같이 심화된 불평등을 해소하기 위하여 누진적 조세 정책을 도입하는 것은 미리 설정한 특정한 분배 유형을 강조하는 것이다. 특정한 목적의 설정 자체도 자유를 침해하는 것이지만, 그 목적을 달성하기 위해 특정 정책을 도입하여 시행하는 것도 자유를 침해한다. 노직(Robert

Nozick)이 비정형적 정의 원칙을 지지하는 이유도 바로 여기에 있다. 부(富)가 원초적으로 정당하게 취득되었고, 정당하게 이전되었다면, 그 결과가 불평등하더라도 그것을 바로잡으려 해서는 안 된다. 결과의 평등 유무를 고려할 것이 아니라 현재의 부가 어떻게 형성되었는가에 대한 역사적 과정을 살펴 문제가 없다면 그 부는 정당하다.

둘째로 평등주의 정책은 '경제적 편익'을 손상시킨다. 불평등은 경험적인 맥락에서 정당화된다. 불평등은 바람직한 결과를 도출한다. 경제 부분에서의 불평등은 혁신과 유인의 원동력이다. 불평등은 경제적 편익의 원천이다. 만일 정부가 재분배를 통해 불평등을 해소하면, 부의 창조자들은 생산 의욕을 잃는다. 피케티처럼 부나 소득의 평등을 추구하면 국가 전체의 부가 감소한다. 경제 침체는 평등을 추구한 정책의 피할 수 없는 결과이다.

셋째로 평등주의 정책은 도덕과 윤리를 파괴한다. 평등의 추구는 윤리적으로 바람직하지 않은 결과를 초래한다. 평등주의의 강제적 정책 시행은 사회의 절제력을 파괴한다. 평등주의적 강제는 사회를 구성하고 있는 모든 집단이나 개인이 자신의 이익을 위해 더 많은 것을 요구하기 때문에 탐욕스러운 본능에 대한 제약이 약화된다. 자신의 이익을 확대하기 위한 집단과 집단, 개인과 개인 사이의 경쟁은 불평불만을 확대하고 사회적 응집력을 약화시킨다. 뿐만 아니라 분배를 위한 법률의 잦은 개정은 법에 대한 시민들의 신뢰를 손상시킨다. 법에 대한 신뢰가 실추되면 법을 회피하고 어기는 시민이 많아진다. 세금을 피하기 위해 여러 수단을 강구하게 되고, 이것은 시민들의 법 인식에 부정적인 영향을 미친다.

자유주의자들이 반대하는 것은 부와 소득의 불평등을 시정하기 위한 분배적 평등을 반대하는 것이지 일반 규칙의 평등에 반대하는 것은 아니다. 규칙은 모든 사람에게 평등하게 적용되어야 하며, 공민권과 정치적 권리의 평등(equality of civil and political rights), 기회의 평등은 보장되어야 한다. 기회의 평등은 어떤 사회 구조가 바람직하다는 가정을 미리 하지 않는다.

Chapter 10

피케티 열풍과 한국

피케티의 『21세기 자본』은 여러 매체를 통해 우리 사회에 소개되고 있다. 이 책에 대한 반응은 엇갈리고 있지만, 정치권에서 잠시 잦아들고 있는 경제민주화의 열풍을 되살리기 위한 불씨로 삼으려는 움직임도 있다. 경제민주화가 주로 생산자들 사이의 관계 재정립에 초점이 맞추어져 있다면, 『21세기 자본』은 부와 소득의 불평등 문제를 다루고 있어 일반인들에게 미칠 영향력은 더 클 것이다. 한 조사에 따르면 우리 사회에는 실제로 중산층임에도 불구하고 자신이 하류층에 속해 있다는 '심리적 하류층'이 많아서, 『21세기 자본』은 『정의란 무엇인가』에 이어 한동안 사람들의 적극적인 관심을 끌 수도 있다.

970쪽의 『21세기 자본』이 프랑스에서 출간된 것은 2013년 8월이고, 영어 번역본이 나온 것은 2014년 3월이었다. 7개월의 시차가 있기는 했지만, 프랑스와 영미권에서의 반응에는 큰 차이가 있었다. 프랑스에서는 비교적 냉담하였다. 프랑스에서 이 책의 인기는 그다지 높지 않았다. 2013년에 베스트셀러 100위 안에도 들어오지 못했다. 2014년 4월 기준으로 이 책은 프랑스 출판물 랭킹 192위에 자리하고 있다. 그러나 미국에서는 한때 품절될 정도의 베스트셀러로 등극하면서 『21세기 자본』에 대한 열기가 뜨거웠다.

이런 현상을 어떻게 설명해야 할까? 『이코노미스트(Economist)』는 여기에 대해 흥미로운 분석을 제시하였다. 첫 번째로 지적된 것은 한 논평자가 신문에서 밝힌 바와 같다. 이 책은 '충분히 좌파적'이지 않다. 이 책에는 "사회적·문화적 차원, 폭력, 계급적 분리, 착취, 노동 소외, 계급, 투쟁 등에 대한" 논의가 없다는 것이다.

두 번째로 지적된 것은 피케티가 2012년 프랑스 대통령 선거에서 당선된, 사회당의 올랑드(Francois Hollande)가 선거 공약으로 내세운 고소득층에 대한 75% 소득세 도입을 적극적으로 지지했다는 사실이다. 선거 당시 피케티는 이 공약에 찬성을 표시하면서, "많은 다른 나라들이 이 길을 따를 수밖에 없을 것이다"라고 하였다. 그러나 갑부세는 사회당 내부에서도 비판을 받았다. 75% 소득세는 프랑스 대법원으로부터 위헌 판결을 받고 급속하게 사라졌다.

세 번째로 지적되고 있는 것은 『21세기 자본』의 핵심 주제인 불평등의 문제가 프랑스에서는 오랫동안 정치적 의제가 되어 왔다는 사실이다. 프랑스에서는 매년 재산에 대한 부유세를 매기고 있다. 부유세를 좌우 모두 정당한 것으로 생각한다. 미국에서는 불평등의 심화에 대한 사회적 관심이 새로운 것이지만, 프랑스에서는 이미 그것에

대한 관심이 일반화되어 『21세기 자본』에 대한 반응이 약하다는 것이다.[12]

우리 사회에서 『21세기 자본』에 대한 관심은 프랑스보다 미국에 가까울 가능성이 높다. 사회정의와 사회적 불평등에 대한 감성적 공감대가 높은 우리 사회에 피케티의 정치경제학은 경제 민주화의 불씨를 살려야 한다는 주장에 힘을 실어 줄 것이다. 우리 사회는 성장보다 재분배에 대한 사회적 요구가 높다. 빈곤이 아니라 불평등이 문제라고 생각하는 사람이 많고, 남과 자신을 비교하는 '마음의 습관'도 강하다. 이를 잠재울 마땅한 방법이 많은 것은 아니지만, 피케티의 주장과 달리 불평등 해소를 위한 '분배 요구'의 문제점과 그것이 초래할 부정적인 결과를 널리 알리는 것은 우리 사회가 나락으로 떨어지는 것을 막는 방파제가 될 것이다.

부와 소득의 불평등은 어느 사회나 존재하는 것이지만, 이것을 직접 숫자로 확인하면 보통 사람은 열 받게 마련이다. 이 열의 강도를 낮출 수 있는 효과적인 방법 가운데 하나는 그 문제를 사회적 논의의 대상으로 삼음으로써 그것의 실상에 대해 숙고하도록 하는 것이다. 이런 과정을 거치면 불평등에 대한 사회적 반응은 차분해질 수 있을 것이다.

Chapter 11

피케티와 자유주의 도덕의 침식

피케티의 『21세기 자본』이 세계적으로 큰 반향을 불러일으킨 이유는 분명하다. 부와 소득의 불평등이 지나치게 심화되었다는 그의 주장에 많은 사람이 공감을 표시하고 있기 때문이다. 『21세기 자본』 이후와 이전의 세계는 불평등을 보는 눈이 확연히 변할 것이다. 그동안 막연히 형이상학적인 주장으로, 때로는 부분적인 통계로 부와 소득의 불평등이 문제로 부각되긴 하였지만, 피케티처럼 장기간에 걸친 여러 나라의 자료를 분석하여 부와 소득의 불평등을 입증한 것은 처음이기 때문이다.

그러나 피케티가 주장하는 소득과 부에 대한 과도한 과세는 시민사회의 자기 책임의 원칙이라는 건전한 도덕을 파괴한다. 나아가 경제 성장의 뿌리를 훼손하고, 경제적 자유와 개인의 자유를 감소시킨다. 인류 역사가 증거하듯이 정부의 힘이 발흥하면 인간의 자유는 쇠퇴한다.

자유주의자들이 일관되게 주장하여 왔듯이 국가의 부는 국가의 개입과 계획이 아니라 자유와 시장에 의해 가장 잘 성장한다. 공정한 정부가 개인과 사유재산을 보호하면, 국가의 '약탈적 손'이 아니라 시장경쟁을 통한 '보이지 않는 손'이 사회적 조화와 경제적 조화를 도출한다.

정부의 온당한 역할은 개인의 자유와 사유재산을 보호하는 것이다. 정부의 힘이 증가하고 억압적 세금에 의해 사유재산의 권리가 침탈당할 때 개인의 자유는 감소한다. 정의로운 법의 지배 아래서의 평등이 '사회정의'라는 모호한 기준에 의해 대치되었다. 피케티는 불평등 감소를 명분으로 개인의 자유와 사유재산권을 침해한다. 피케티가 말하는 정의는 소득과 부를 민주적으로 침해하는 것이다. 자본주의를 민주주의가 통제하는 국가를 피케티는 '사회 국가(social state)'라고 부른다.

피케티가 지지하는 재분배 국가는 도덕을 위장한 부정의(不正義)일 뿐 아니라 경제 성장을 방해한다. 피케티처럼 자본에게 돌아가는 대가를 감소시킴으로써가 아니라 경제적 자유와 성장을 증가시킴으로써 가난한 사람들의 처지를 개선할 수 있을 것이다.

중국은 1978년 시장경제를 도입함으로써 단기간에 경제 성장을 이룩하였다. 중국은 경제 자유화를 통해 시장을 개방하여 많은 사람들에게 부자가 될 수 있는 가능성을 열어 주고, 거대한 중산층의 형성을 가능하게 하였다. 소득의 불평등이 증가하였지만 국가의 권력은 감소하고, 경제적 자유와 개인의 자유가 진전됨에 따라 5억 명 이상의 인민들이 가난에서 벗어났다.

앞으로 나아갈 수 있는 기회에 대해 낙관적인 전망을 가짐으로써 중국 사람들은 자신들의 재능과 근면, 교육이 자신들이 경제적으로 나아질 수 있는 계기임을 깨닫게 되었다. 권력의 남용이나 절차적 불공정을 바로잡으려고 노력해야 한다. 그러나 분배적 정의감이나 부자에 대한 분노를 불태워서는 안 된다. 그런 사회는 발전하지 못한다.

시민들은 부자가 아니라 권력의 남용에 대해 분노해야 한다. 시장은 시민들의 적이 아니라 창조성과 진보의 엔진이다. 시장이 아니라 분배적 정의에 민감하게 반응하는 사회일수록 발전의 여지가 줄어든다.

불간섭과 자유의 원리에 기초한 시장, '자발성의 원리'에 기초한 시장은 정부의 권력에 기초한 피케티의 '사회 국가'와 극명한 대비를 이룬다. 중요한 문제는 동의와 강제, 개인과 국가 사이의 경계를 어디에 설정하는가이다. 정부 권력이 자유와 재산의 권리를 보호하는 것에 제한될 때 개인은 선택의 자유를 누리게 된다. 공정한 법의 지배에 기초한 사적 자유 시장이 개인의 책임을 강화하고 사람들의 삶을 개선했다는 사실을 역사는 증언한다. 피케티의 재분배 국가, 곧 '사회 국가'는 항상 그 반대를 초래하였다.

지금까지 살펴보았듯이 피케티의 불평등에 대한 실증적 분석과 대안 제시는 많은 문제점을 안고 있다. 불평등을 문제 삼을 때 개인의 자유와 경제적 자유는 훼손된다. 개인의 자유와 경제적 자유의 침식은 모든 사람에게 부정적인 결과를 초래한다. 개인과 경제적 자유의 존중이 부자와 가난한 사람 모두에게 혜택을 가져다준다. 인류를 부자와 빈자로 양분하면서 불평등을 문제 삼은 피케티의 정치경제학도 마르크스의 정치경제학처럼 인류에게 재앙을 초래할 수 있을 것이다. 우리는 불평등이 아니라 빈곤을 문제 삼고 그것을 해결하기 위해 노력해야 한다.

Chapter 12

불평등에 대한 인문학적 성찰

피케티가 지적한 불평등 문제가 가벼운 문제는 아니다. 불평등의 문제는 사회의 문제이고 그것이 개인에게 미치는 부정적인 영향을 과소평가할 수만은 없다. 그렇다고 정부가 나서서 불평등 문제를 해결할 수 있는 것도 아니다.

그럼에도 불구하고 정부가 누진적 과세를 통해 불평등을 해소하려고 하면 의도하지 않는 더 많은 문제만 야기할 뿐이다. 기업가 정신과 사람들이 자신의 삶을 개선하려는 노력이 사라지면 성장의 엔진은 멈추기 마련이다. 성장의 엔진이 멈춘 대가는 일차적으로 가난한 사람들에게 돌아간다.

뿐만 아니라 빈곤이 아니라 불평등을 해소하려는 무리한 노력은 개인이 선택할 수 있는 다양한 삶의 가능성을 차단한다. 살아가면서 당면하는 많은 문제가 개인의 선택이 아니라, 개인이 어떻게 할 수 없는 사회에서 나온 것이라는 인식은 개인을 무력하게 만든다. 경제가 성장하여 전반적인 삶의 조건이 개선된 사회에서, 개인이 선택할 수 있는 삶의 방식은 다양하다. 사회책임론은 이러한 다양한 방식의 삶을 배제한다.

인문학자 김우창은 부를 향한 경쟁은 삶의 참다운 보람과는 관계가 없다고 주장하는 미국 애리조나 주 '레드록(Red Rock) 사막 지대'에 사는 한 사내의 이야기를 소개하고 있다.[13]

그는 경쟁에는 "로맨스도, 기쁨도, 창조성도 없고, 삶에 대한 찬가도 없다"고 생각한다. 그가 즐기는 것은 자전거 타기, 꽃과 나무 가꾸기, 그리고 실험 삼아 하는 이런저런 일들이다. 그는 주변에 있는 광활한 땅을 누리며 산다. 꽃과 나무 사이에 있는 오막살이가 그가 사는 집이다.

그는 현대적인 편리함을 버리고 사막 한가운데 작은 집에서 살기로 선택한 것이다. 그는 이렇게 사는 것이 번거로운 세속의 삶보다 진정한 삶이라고 믿는 것이다. 물론 먹고살기 위해 이런저런 일을 한다. 김우창은 복잡한 현대사회에서도 결단만 내린다면 이러한 자기 충족의 삶이 가능할 수 있다고 믿는다.

물론 김우창이 경제 성장과 빈부 격차의 문제를 중요하지 않다고 말하는 것은 아니다. 사회 전체에서 성장의 결과를 적절하게 분배하는 것이 마땅하지만, 그것과는 전혀 다른 차원의 선택이 있다는 것이다.

전혀 다른 선택의 가능성을 배제하지 않는 것도 정신 건강, 개인적인 삶의 건강, 그리고 사회적인 정신 건강을 위해 필요한 일이라

고 말한다. "성장도 강박관념이 아니라 선택이어야 한다"고 믿는 것이다. 그는 다음과 같이 말한다.[14]

> 크게 떠오르는 빈부 격차에 대한 논쟁을 보면서 그 문제에서나 다른 사회 문제들에서나 해결에는 큰 길 이외에도 개인이 선택할 수 있는 작은 길이 있다는 것을 잊어서는 안 된다는 생각이 든다. 물론 그것이 큰 길로 이어진다면 그것은 가장 인간적인 사회로 가는 길이 될 것이다.

김우창은 한 걸음 더 나아가 이런 선택이 비록 경제 문제에만 해당하는 일은 아니라고 말한다. 오늘날의 정치와 사회의 수사는 모든 잘잘못을 전적으로 사회에서 찾는다. 이런 입장은 사회적 윤리와 도덕의 문제에서 모든 책임을 사회에 넘긴다. 윤리와 도덕은 사회적 제도와 관계됨으로써 큰 의미를 갖지만, 그것이 개인의 결단과 연결됨으로써 참다운 인간적 덕성이 된다.

이 세상을 좀 더 살 만한 곳으로 만들기 위해서는 잘못된 제도와 관행을 바로잡는 것도 중요하다. 개인의 자유를 보장하기 위해서는 그것을 가로막고 있는 거대 국가나 규제를 정상으로 돌려야 한다. 이것은 정치의 문제이다. 그러나 그것만으로 사회가 좋아지는 것은 아니다.

요즘 우리 사회에 윤리 도덕의 기초가 무너졌다는 우려가 높다. 사회가 바른 윤리의 기초를 회복하는 것이 중요하다. 이것은 정치 문제가 아니라 개인의 결단에 의존하는 문제이다. 물론 복잡한 현대

사회에서 개인의 도덕적 결단은 쉬운 일은 아니다. 그러나 불가능한 일도 아니다. 더더구나 올바른 제도를 갖기 위한 정치적 노력과 개인의 도덕적 결단은 양자택일의 문제가 아니다. 지금 우리에게 절실한 것 가운데 하나는 자신의 삶의 의미를 찾고 그것에 헌신하는 것이다. 이것은 전적으로 개인의 문제이다.

주

1. 김우창, "경제 성장은 강박관념이 아닌 선택의 문제로 접근할 일: 두 개의 길, 사회와 개인의 결단", 『중앙 Sunday』, 379호, 2014.06.05. John Feffer, "Piketty in Elysium", *Foreign Policy In Focus*, May 21. 2014.
2. Emmanuel Saez, Gabriel Zucman, "The Distribution of US Wealth, Capital Income and Returns since 1913", March 2014.
3. Thomas Piketty, *Capital in the Twenty-First Century*, Translated by Arthur Goldhammer, The Belknap Press of Harvard University Press, 2014. (Piketty, p.571)은 이 책의 p.571을 표시함.
4. 알랭 테스타는 신석기 혁명 이후 농경사회의 산물로 여겨 온 경제적 불평등과 사회 계층이 농경사회의 특성이 아니라는 사실을 밝혔다. 자연적 식량 자원에 의존해 살아가던 수렵채집 사회에서도 이미 농경사회와 유사한 사회적 계층 구조와 불평등이 존재하였다는 것이다. 불평등은 농업이라는 생산 양식이 아니라 비축 시스템과 관련이 있다는 것이다. 알랭 테스타, 『불평등의 기원』, 이상목 옮김, 학연문화사, 2006.
5. Heather Pringle, "The ancient roots of the 1%: Don't blame farming, Inequality got its start among resources-rich hunter-gatherers", *Science* 23 May 2014, Vol. 344 ISSUE 6186, pp. 822-825.
6. Gregory Mankiw, "How inherited Wealth Helps the Economy", *The New York Times*, June 21, 2014.
7. Karl R. Popper, *Conjectures and Refutations*, RKP, 1963, p.361.
8. Alan S. Blinder, "'Pikettymania' and Inequality in the U.S.", WSJ, June, 22.
9. 이정우, 『약자를 위한 경제학』, 개마고원, 2014, 206쪽.
10. Paul Krugman, "Sympathy for the Trustafarians", The Opinion Pages, *The New York Times*, June 24, 2014.
11. Vic George and Paul Wilding, *Ideology and social welfare*, Routledge, 1985, pp.23-24.
12. *The Economist*, "Le French touch", April 28th 2014.

13. 김우창, 앞의 글.

14. 김우창, 앞의 글.

Part 2
배 아픔 정서를 부추기는 피케티 경제학

현진권 (자유경제원 원장)

Chapter 1

피케티 책자의 내용 요약

피케티의 『21세기 자본』은 경제학을 보는 독특한 시각을 경제학적 분석틀을 통해 서술하였으므로, 일반인들이 읽기에는 어렵다. 그럼에도 불구하고, 이 책이 세계적인 베스트셀러가 된 이유는 약 300년간의 소득 및 부의 분포 구조의 변화를 실증적으로 보여 주었다는 데 있을 것이다. 세계의 모든 사람은 소득과 부에 관심이 가장 높을 것이다. 자신의 경제적 위치뿐 아니라, 사회 전체의 소득과 부의 분포에 대한 정보는 사람들의 관심을 끌기에 충분하다. 이러한 관심에도 불구하고, 책 판매량으로 볼 때 이미 베스트셀러가 되었지만, 또한 일단 구입해 놓고 읽지 않는 책으로도 1위를 차지하였다. 그만큼 관심만으로 이 책을 읽는 데는 전문적인 지식 없이는 한계가 있음을 의미한다. 여기에서는 경제학적 틀이 아닌, 일반인들이 가진 직관을 중심으로 피케티 내용을 설명한다.

1. 이론

피케티는 소득 및 부의 불평등을 설명하는 이론으로 세 가지 요소를 제시하며, 이에 '법칙(law)'이란 용어를 사용하고 있다. 첫 번째 법칙은 자본스톡과 자본소득 간의 관계를 설명한다. 일정기간에 발생하는 자본소득은 자본스톡(capital stock)에서 자본수익률만큼이다. 예를 들면, 은행에 정기예금을 1억 원 하면, 이자율이 5%일 때, 매년 500만 원(1억 원 × 5%)의 이자소득이 발생한다. 이때 1억 원은 자본스톡이고, 500만 원은 자본소득이 된다. 이렇게 스톡과 플로(flow) 간의 관계를 자본수익률을 통해 보여 준 것으로, 이는 법칙이라고 하기보다는 항상 성립하는 항등식에 불과한 것이다. 자본 크기를 국가 전체소득과의 상대적 크기를 보여 주기 위해 양쪽을 전체소득으로 나누어 주었다. 이 지표는 자본소득과 자본스톡 규모를 시계열적으로 변화하는 추세를 설명하는 데 유용하게 사용된다. 일반적으로 자본소득과 자본스톡은 고소득층에서 많이 보유하므로 이 지표의 변화를 통해 자본소유의 편중성을 파악할 수 있다.

$$\frac{\text{자본소득}}{\text{전체소득}} \equiv \text{자본수익률} \times \frac{\text{자본스톡}}{\text{전체소득}}$$

이 항등식을 통해 피케티는 자본스톡 양이 결정되면, 자본소득 크기가 자동적으로 생성됨을 보여 준다. 이때 자본스톡이란 부동산, 주식, 기계 및 장비 등 여러 가지 형태의 자본스톡을 한 가지 지표로 환산하여 이를 통한 자본소득으로 단순화해서 보여 준다. 결국 노동과 대치되는 개념으로 모든 자본스톡을 하나의 지표로 단순화하여 자본역할을 유도하였다. 이 항등식은 단순함만큼이나, 현실과 비교해서 여러 가지 문제를 가지지만, 단순함으로 인해 전체 모형을 쉽게 이해할 수 있게 하는 장점이기도 하다.

두 번째 법칙은 오래 전부터 경제학의 성장이론에서 개발되었던 이론을 바탕으로 제시된 것이다. 기존의 성장이론에 의하면, 장기적으로 균형 상태에서 전체소득 대비 자본스톡 수준은 저축률과 경제성장률과의 비율과 같아진다는 것이다. 이러한 조건을 유도하기 위해선 여러 가지 경제적 가정을 필요로 하고, 복잡한 수식 과정을 거친다. 한 국가의 경제성장은 장기적으로 보면, 자본스톡 수준이 저축률과 경제성장률 간 관계에서 결정된다는 의미다.

$$\frac{\text{자본스톡}}{\text{전체소득}} = \frac{\text{저축률}}{\text{경제성장률}}$$

이 법칙은 향후 경제성장률이 변화할 때, 자본스톡의 크기를 예측하는 데 중요한 역할을 한다. 자본주의가 발전할수록 경제성장률은 떨어질 수밖에 없으며, 그 결과 자본 분포가 특정계급에 집중된다는 논리를 유도할 수 있다. 한국의 경우에도 자본주의를 도입한 초기에는 10% 이상의 고도 경제성장이 가능하였지만, 어느 정도 경제성숙기에 접어들면, 연간 경제성장률이 떨어질 수밖에 없다. 이에 따라 분모 값인 경제성장률이 낮아지면, 장기균형조건에 의해 자본스톡/전체소득 비율 값이 높아진다. 이는 곧 부유층에로 자본스톡 편중현상이 더 심각해짐을 의미한다.

세 번째 법칙은 역사적으로 실제 자료를 조사한 결과, 자본수익률은 항상 경제성장률보다 높다는 것이다. 자본을 보유한 고소득층의 자본수익률이 전체 경제성장률보다 높다는 것은, 자본소유자의 부 편중현상이 시간이 감에 따라 더 심각해짐을 의미한다. 지난 150년 동안 선진국의 동향을 살펴보면 자본수익률은 4~5%이고, 경제성장률은 1~2% 수준이었다.

세 가지 법칙들은 서로 유기적으로 연관성을 가지고 부유층에 부 및 소득의 편중현상을 설명하는 데 도움이 된다. 세 번째 법칙을 통해 자본소유자가 더 경제적 혜택을 받을 수밖에 없는 경제적 환경을 설명하였고, 두 번째 법칙을 통해 자본주의가 발전할수록, 고소득층에게로 자본편중도가 더 심해질 수밖에 없음을 보였다. 첫 번째 법칙을 통해 자본스톡의 편중은 자연스럽게 자본소득의 편중현상으로 이어지게 되어, 결과적으로 고소득층에게로 소득 및 부의 편중이 갈수록 심각해짐을 뒷받침한다.

2. 실증 결과

이상의 이론을 바탕으로 300년간의 분포 구조를 분석한 주요 결과만을 소개한다. 먼저 고소득층에 집중되어 있는 자본스톡의 크기를 '자본스톡/전체소득 비율' 비중을 통해 살펴본다. 18세기와 19세기 200년 동안에 6~7 값을 보여 주었으며, 이는 전체 자본스톡의 규모가 전체 국가소득의 6배 이상임을 의미한다. 따라서 이 시기에는 고소득층으로 자본편중이 심했음을 보여 주었다. 그러나 1970년대 초에는 이 값이 2~3.5로 낮아졌으나, 1970년대 이후로는 다시 높아져서 4~7 수준이 되었다.

소득불평등 실태를 살펴보면, 2010년 기준으로 상위 1%와 10% 계층이 전체 노동소득에서 차지하는 비중이 유럽에선 7%, 25%이었으며, 미국은 12%, 35%를 보였다. 반면 하위 50% 계층이 차지하는 비중은 유럽이 30%, 미국이 25% 수준을 보여, 미국의 소득불평등이 상대적으로 심각한 수준임을 보여 주었다. 자본소득의 경우에는 2013년 기준으로 살펴보면, 상위 10%가 차지하는 비중이 프랑스 60%, 영국과 미국이 70% 수준이다. 조사 대상 선진국을 모두 합산하여 세계인구 상위 0.1%와 1% 최고부자 계층이 차지하는 비중이 각각 20%, 50%이었으며, 하위 50% 계층이 차지하는 비중은 5% 이하로 나타났다.

이 책은 불평등 추세를 역사적 사건과 연계해서 해석하였다. 즉 역사적인 사건 전후에 분배 불평등에 영향을 끼쳤음을 실증적으로 보여 주었다. 예를 들면, 프랑스 혁명이 일어나기 전인 1789년에 상위 1% 및 10% 계층이 전체 자본 대비 소유 비중을 보면, 각각 60%, 90%로서 불평등이 심각한 수준이었다. 이후 1810년에는 유럽 전체를 대상으로 상위 10% 계층이 전체 자본의 80%를 차지하였고, 1910년에는 90%로 최고치를 기록하였다. 곧바로 제1차 세계대전이 일어났던 1914~1918년 이후에는 감소하기 시작하였으며, 제2차 세계대전 이후까지 낮은 수준을 지속하였다. 결과적으로 1910~1970년간에 불평등 수준이 감소한 상태를 유지한 배경에는 두 차례의 세계대전과 대공황, 정부의 자본통제 정책 등이 작용한 것으로 해석한다. 그 결과 1950~1960년대에 역사적으로 가장 낮은 수준을 유지할 수 있었다. 그러나 1975년을 기점으로 다시 상승하기 시작하여, 2010년에는 65%에 달했다. 이는 1980년대 이후부터 소련이 붕괴하였고, 개방화로 인한 세계경제 환경의 변화가 일어났고, 규제완화 정책이 주된 정책으로 채택됨으로써, 자본집중이 다시 심화되었다는 해석이다.

3. 조세 정책

소득 및 부의 편중을 완화하는 효과적인 정책 수단은 조세 정책이다. 피케티는 조세 정책 방향과 소득 및 부의 편중 실태를 통해 역사적인 의미를 유도하였다. 자본의 편중 실태가 가장 심했던 1900년대엔 프랑스, 독일, 미국의 소득세제 최고한계 세율이 고작 2~8% 수준이었다. 그러나 자본소유 불평등이 상대적으로 완화되었던 제1차 세계대전 이후에는 소득세제 최고한계세율이 40~80%로 대폭 상승하였다. 미국의 경우엔 1942년에 88%, 1944년에 94%로 지금 관점에서 보면 엄청나게 높은 수준을 1960년대 중반까지 유지하였다. 상속세율도 같은 추이를 반영하고 있다. 미국의 경우, 1937~1939년 동안에 70% 수준이었으나, 1970년대로 들어와서는 높은 세금 정책에 일대 변화를 가져왔다. 낮은 세금이 경제를 발전시킨다는 공급주의 경제학을 내세웠던 레이건(Ronald W. Reagan) 정부에 와서는 60%로 낮췄다가, 부시 정부 들어서는 35%까지 인하되었다.

20세기 동안에 조세 정책의 변화를 살펴보면, 일관된 정책 방향이 없고, 정책 편차가 매우 큼을 알 수 있다. 예를 들면, 소득세제의 최고한계세율과 상속세율은 0~90%로 거의 극과 극을 달리는 정책 방향을 보여 준다. 1900년대 초에 매우 높은 세율을 가졌던 시대가 있었던 반면, 세계경제의 개방화로 인해 1980년대 이후로는 상속세제가 폐지되는 국가도 생겼다. 따라서 피케티는 이러한 역사적 사실을 통해서, 조세 정책 방향도 철학에 따라 얼마든지 극단적으로 갈 수 있음을 주장하였다.

피케티는 소득 및 자본 편중이 심각해지면, 세계는 민족주의, 정치적 불안 등 인류에 좋지 않는 사태가 발생할 수 있으므로, 불평등을 완화하기 위해 조세 정책을 강화하자는 주장을 편다. 피케티는 소득과 부의 불평등을 완화하기 위해 소득세와 자본스톡 세제를 강화할 것을 제안한다. 소득편중에 대해선 소득세의 최고한계세율을 80%로 올릴 것을 제안한다. 자본편중에 대해서는 자본세제를 강화할 것을 제안하였다. 개방화 시대에 자본에 대한 증세는 자본의 이동성을 촉진하여, 정책의 효과성이 없어질 수밖에 없다. 그래서 피케티는 모든 국가들이 세계인들의 자본에 대한 정보를 서로 공유함으로써, 자본증세에 따른 자본의 이동성 문제를 해결할 수 있다고 제안한다. 물론 피케티 자신도 현실적으로 채택되기 어려운 유토피아적 제안이라고 설명한다.

Chapter 2

비판

1. 불평등을 보는 시각 문제

정책은 한 가지 목표만을 위해 추진할 수 없다. 일반적으로 정책에서 중요시하는 목표는 경제성장, 빈곤, 소득분배를 들 수 있다. 이들은 각자 독립된 정책목표로 접근하는 것이 일반적이지만, 실제로 이들은 서로 연계를 가지고 있다. 단순하게 표현하면, 경제성장은 전체 사회구성원들의 소득분포의 평균값 향상을 위한 정책이고, 빈곤 정책은 소득분포에서 왼쪽의 꼬리 부분에 있는 계층에 대한 배려 정책이며, 소득분배는 소득분포의 표준편차에 관한 정책이다.

경제가 발전한다는 의미는 다음 그림과 같이 소득분포가 오른쪽으로 이동함을 의미한다. 사회의 평균소득이 A에서 A'로 증가하였다. 경제가 발전하면, 그 혜택이 부유층에만 집중되는 것이 아니고,

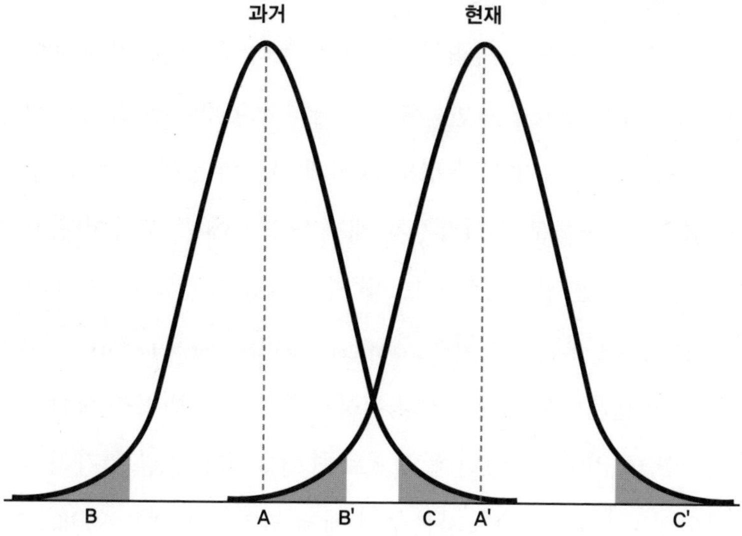

빈곤층에도 경제적 변화가 생긴다. 즉 빈곤층이 B에서 B'로 변화한다. 절대적 기준으로 보면 B는 절대빈곤에 빠져 있지만, 경제가 발전하여 B'로 변화함으로써, 절대빈곤에서 빠져 나올 수 있다. 경제발전의 의미는 절대적 기준으로 평가해야지, 상대적 빈곤 측면에서 보면 여전히 빈곤층은 존재한다. 경제발전과 관계없이 소득계층 간의 격차는 항상 존재한다. 과거의 빈곤층 B와 부유층 C와의 격차는 경제가 발전해도 그대로 B'와 C'로 여전히 존재한다. 빈곤층을 위한 최고 정책이 경제발전이란 의미는 빈곤을 절대적 관점에서 접근하는 것이다.

피케티는 세 가지 정책목표에서 소득분배 문제를 유일한 정책목표로 접근하였고, 경제성장과 빈곤 문제에 대한 고려는 하지 않았다.

먼저 불평등만을 보는 정책 시각에 어떤 문제가 있는지 논의해 본다. 소득불평등 지표는 사회구성원들 간 소득의 상대관계를 보여 주는 것이며, 절대소득수준 변화와는 무관하다. 100여 년 전에 비해 인류는 절대빈곤에서 벗어날 정도로 전체 사회의 절대적 소득수준은 높아졌으며, 이는 분명 시장경제 체제가 인류에 준 축복이다. 이를 증명하는 자료는 굉장히 많으며, 몇 가지 지표를 통해 알 수 있다. 국제연합(UN)의 새천년 개발목표(Millennium Development Goal) 자료에 의하면 전 세계에서 하루 1달러 이하로 사는 절대빈곤층 사람 비율이 1990년에 비해 2013년에 반으로 줄어들었다. 또한 헝가리 남녀 평균수명의 변화를 보면, 자본주의 체제 도입 이전에는 65세, 73세였으나, 2010년 기준으로 각각 70세, 78세로 늘어났다.

인류의 소득수준은 자본주의가 본격적으로 작동하기 시작한 1800년대 이후부터 급격히 높아지기 시작했음은 잘 알려져 있는 사실이다. 그러나 상대적 소득격차는 항상 존재할 수밖에 없다. 이것이 정책목표가 되어야 하는가? 상대적 소득격차를 해결하기 위한 정책수단을 강구하면, 경제는 오히려 퇴보하는 것이 일반적인 현상이다. 절대소득에 정책적 관심을 두어야지, 상대소득 문제는 아무리 경제가 발전해도 해결할 수 없다.

사회구성원의 전체 소득분포가 유일한 정책목표가 되어서는 안 되지만, 빈곤은 분명 정책으로 해결해야 한다. 소득분포는 구성원 100% 소득수준의 결과일 뿐, 정부가 전체 국민들의 소득수준에 대해 관심을 둘 필요는 없다. 또한 상위계층의 소득수준에 대해 관심을 가져야 하는지에 대한 논리도 희박하다. 특정 상위계층의 소득수준 지표를 통해 사회구성원들의 '배 아픔 정서'를 부추길 뿐이다. 정부에서 관심을 가져야 할 사항은 빈곤해결이다.

빈곤 정책은 전체 국민 중의 일부 계층을 정책 대상으로 하기 때문에 상대적으로 쉬우나, 소득분포 정책은 모든 국민들을 대상으로 하기 때문에 정책이 효과를 보기도 어렵다. 소득불평등을 개선하는 방법은 크게 두 가지로, 부자 소득을 정부가 억제하는 방법과 빈곤층의 소득을 높이는 방법이다. 피케티 주장은 부자의 소득과 자본에 세금을 높여서 불평등을 개선하자는 것이며, 빈곤층 소득을 높이는 정책을 통해서 불평등 구조를 개선하는 방법에 대해서는 언급이 없다.

불평등 실태에 대해 많은 사람들이 관심을 가지고 때로 흥분하는 이유는, 부자 계층의 몫은 다른 계층의 희생을 바탕으로 이루어졌다는 잘못된 생각을 바탕으로 하기 때문이다. 즉 불평등 자료의 이면에는 경제를 제로섬 게임(zero-sum game)으로 보는 심각한 인식의 문제가 존재한다. 특정 계층의 점유율이 높아져, 다른 계층의 점유율이 떨어졌다 해도, 그 사회의 경제성장이 높으면, 점유율이 낮아진 소득계층의 삶의 질은 오히려 더 높아질 수 있다. 경제는 제로섬 게임이 아닌 포지티브섬 게임(positive-sum game)으로 다른 계층의 희생이 없어도 전체 계층의 절대소득 크기는 동시에 증가할 수 있다.

1960년대 한국의 불평등 수준이 지금보다 양호했지만, 현재 우리 사회의 경제적 삶 수준이 훨씬 양호하다. 극단적인 가정으로 불평등이 없었던 1960년대와 불평등 수준이 높아진 현대를 삶의 시간으로 선택할 수 있다고 하면, 과연 1960년대를 선택하는 사람은 얼마나 될까? 하위 계층이 전체 소득에서 차지하는 비중이 낮아진다고 해서, 그들이 삶이 더 가난해지는 것은 아니다. 스티브 잡스(Steve P. Jobs)가 남긴 재산은 8조원 규모이며, 이는 다른 사람들의 소득을 착취한 결과가 아니고, 새로운 경제영역을 창조한 결과이다. 그의 부는 다른 사람들의 경제적 희생이 따른 것이 아니므로, 그의 재산 규모에 대해 누구도 이의를 제기하지 않는다.

피케티는 불평등을 심각한 문제로 보고, 세금을 통해 불평등을 개선해야 함을 제안하였다. 그러나 단순히 개선을 말했지, 어느 정도 개선해야 하는지에 대한 구체적인 수준은 제시하지 않았다. 불평등 수준을 비판하기 위해서는 어느 수준의 불평등이 정책목표인가를 명확히 제시해야 한다. 예를 들어, 미국의 2003년 소득불평등 수준을 보면, 상위 1% 계층이 전체 소득의 약 20%를 차지하는데, 단순히 이 실증 자료를 제시하면서, 사람들의 '배 아픔 정서'를 효과적으로 대변하고 있다. 그러면 상위 1% 계층이 전체 소득의 몇 %를 차지해야 바람직한 사회인지에 대한 정책목표를 제시해야 한다. 불평등 세상을 평등 세상으로 바꾸려면, 모든 사람들이 똑같은 소득을 가지면 된다.

완전한 소득평등은 모든 소득 계층 1%가 전체 소득의 1%를 차지하는 분포인데, 이러한 세상이 결코 정책목표일 수는 없을 것이다. 경제학에서 소득분배 연구가 상대적으로 부진한 이유는 소득분배는 시장 기능이 작동한 결과일 뿐이지, 그 자체가 정책목표가 될 수 없기 때문이다. 어떤 수준의 소득분배가 최적인지 제시하지 못하면, 불평등 완화는 구호적 주장일 뿐, 구체적인 수치를 제시해야 하는 정책목표가 될 수 없다.

2. 상위 1% 지표의 해석 문제

피케티의 지표에서 사람들의 관심을 많이 끄는 자료는 상위 1%가 소유하고 있는 소득과 부의 점유율이다. 분배 구조를 분석한 연구를 보면, 대체로 상위 10%에 대한 분석 결과를 제시하는데, 근본적인 이유는 상위 1% 계층 자료는 여러 가지 기술적 문제로 인해 통계적으로 의미 있는 표본을 구하지 못하기 때문이다. 그러나 피케티는 국세청 자료를 사용하여 상위 1% 계층에 대한 자료를 확보할 수 있었으며, 이는 경제적 불평등 실태 파악에 관한 실증 연구에 중요한 공헌이라고 평가할 수 있다. 그러나 상위 1% 계층의 점유율은 일반인들의 관심을 충분히 끄는 이유는 지표에 대한 잘못된 인식을 바탕으로 한다.

피케티는 상위 1% 계층의 소득 및 부의 비중을 연도별로 보여 줌으로써 불평등의 심화를 주장하는데, 이는 잘못된 해석이다. 특히 한국에서는 이런 자료를 통해 '부익부 빈익빈'이란 용어를 사용하여 부자는 더 부자가 되고 가난한 자는 더 가난해진다고 해석한다. 이러한 해석이 가능하기 위해선 동일한 사람이 매년 상위 1%에 속하고, 차지하는 소득 비중이 높아질 때이다. 피케티가 사용한 자료는 한 해 특성만을 보여 줄 뿐, 상위 1% 계층의 소득이 어떻게 변했는가에 대한 정보는 알 수 없다.

예를 들면, 2000년에 상위 1% 계층에 속했던 사람이 2001년에 하위 1%에 속할 수 있다. 즉 상위 1%에 속한 사람이 매년 같은 표본에 속하는 동일한 사람이 아니므로, 소득점유율의 변화를 말할 수 없다.

극단적으로 상위 1% 계층이 매년 바뀐다고 하면, 상위 1% 지표를 통한 불평등 추이를 설명할 수 없다. 상위 1% 계층의 소득과 자본 소유의 연도별 변화를 알려면, 한 사람의 소득을 여러 해 동안 추적 조사한 표본 자료를 사용해야 한다.

이 지표의 다른 문제는 연간소득은 항상 변한다는 사실을 고려하지 못하고 있다는 점이다. 상위 1%가 전체 소득에서 차지하는 점유율 자료는 동일한 사람에 대한 특정 시점의 소득을 기반으로 한 지표이다. 그러나 한 사람의 일생 동안 소득은 연령별로 차이를 가지는 것이 당연하다. 즉 20대에는 낮은 소득 수준이지만, 나이가 들면서 소득이 높아지고, 은퇴 후에는 낮은 소득으로 되돌아간다. 따라서 한 시점의 소득 자료는 표본 조사에 포함한 사람들의 일생소득주기를 전혀 고려하지 않으므로, 올바른 지표가 될 수 없다.

20대 소득이 3,000만 원인 경우와 50대 세 자녀를 가진 가장의 소득이 5,000만 원일 때, 단순한 비교는 의미가 없다. 따라서 소득을 비교하려면 특정 한 해의 연간소득이 아니고, 평생소득을 기준으로 평가해야 한다. 또한 사업 소득자의 경우에도 사업 성취도에 따라 소득의 편차가 매우 크다. 가장 대표적인 예로 스티브 잡스의 소득은 조사한 시점에 따라 빈곤층이 될 수도 있고, 세계 거부가 될 수 있다. 또한 김연아 선수도 2013년 소득은 110억 원이었지만, 향후 그의 소득은 지속적으로 줄어들 것이다.

3. 자본에 대한 시각의 문제

피케티의 구조에서 자본은 핵심 사항이므로, 책 제목도 『21세기 자본』으로 하였다. 여기에서는 피케티의 자본 접근법에 대해 세 가지 문제를 지적한다.

첫째, 자본을 너무 단순화하였다. 자본은 다양한 성격의 이질적 종류가 있는데, 이를 화폐 단위를 사용함으로써 다양성을 무시하고, 하나의 지표로 표현하였다. 이는 자본에 대한 단순 명료한 결론을 유도할 수 있는 장점이 있지만, 자본 특성을 무시하므로 본질을 왜곡시킬 가능성이 충분히 있다. 노동과 대치되는 개념으로 자본을 일원화시킴으로써 자본소득으로 단순화할 수 있었다. 주류경제학에서는 노동도 자본의 일종으로 보고 노동자본(human capital)이란 용어를 사용하여, 노동과 자본의 연계성을 강조하고 있는데, 피케티는 자본과 노동을 분리 가능한 것으로 접근하였다.

둘째, 피케티는 자본양만 늘리면, 자본소득은 저절로 증가하는 것으로 보았다. 그러나 자본수익률은 기업가 정신, 기술혁신 등과 같은 외부 요인에 의해 결정되는데, 이를 고려하지 않고 있다. 자본만 보유한다고 해서 저절로 소득이 창출되는 것은 아니다. 자본을 사용하는 경영자의 기업가 정신 수준에 따라 자본수익률이 결정된다. 스티브 잡스가 창출한 자본소득은 그가 보유한 자본에 의해 결정된 것이 아니고, 그가 경영했기 때문에 발생한 것이다. 이처럼 자본의 수익률은 자본의 종류와 자본을 운용하는 경영자의 기업가 정신이란 내적 요인에 결정될 뿐 아니라, 정보기술 발전과 개방화라는 외부 환경에 의해서도 결정된다.

피케티의 접근 방법은 주류경제학에서 기업의 생산활동과 경제성장 이론에서 보는 시각과 같다. 자본만 있으면, 성장한다는 논리다. 그러나 많은 개발도상국가들이 한국처럼 압축성장이 없는 이유는 자본이 없어서가 아니고, 기업가 정신 등 다른 요소가 없었기 때문이다. 그럼에도 불구하고 자본과 성장을 직접적으로 연관시키는 이유는 주류경제학에서 경제성장을 양적인 산출양(Q)으로 정의하고, 투입요소인 자본(K)과 노동(L) 간 관계로 인식하기 때문이다. 이를 경제학에선 간단히 '$Q = f(K, L)$'으로 표현한다. 이 모형에서는 자본투입만 늘이면, 생산량은 자연스럽게 증가하는 양적인 관계로서 성장을 보고 있다. 그러나 경제 성장은 양적 문제가 아니고, 새로운 형태의 질을 가진 생산량이 뒷받침되어야 하나, 이를 주류경제학에서는 고려하지 않는다.

셋째, 피케티는 자본소득은 자본스톡에 의해 결정된다는 가정을 했으나, 실제로는 자본소득에 의해 자본스톡의 가치가 결정된다. 피케티의 첫 번째 법칙은 다음과 같이 단순하게 표현할 수 있다.

$$\text{자본소득} \equiv \text{자본수익률} \times \text{자본스톡}$$

이 항등식이 의미하는 바는 자본스톡의 가치는 주어진 것이고, 자본스톡은 파생적이라는 것이다. 일반적으로 스톡가치는 스톡이 일정 기간 동안 발생하는 플로(flow)의 무한 합으로 표현할 수 있으며, 이를 수식으로 표현하면 다음과 같다.

$$자본스톡가치 = \frac{자본소득}{자본수익률}$$

예를 들면, 주식가격이 어떻게 결정되는지와 같은 논리다. 주식가격이란 기업이 매년 발생하는 이윤을 현재가치로 환산한 가격이다. 주택가격도 똑같은 논리가 적용된다. 주택이 매년 사용자에게 주는 주택서비스 임대료를 합산한 현재가격이다. 자본가치는 경제활동을 통해 수익을 창출할 때 자본가치를 가지지만, 수익이 없으면 자본가치는 극단적으로 영(零)이 될 수 있다.

4. 조세 정책에 대한 문제

피케티는 세금 정책을 형평성을 달성하는 수단으로만 보고 있지, 세수확보나 특히 경제효율성에 대한 시각은 결여되어 있다. 그의 표현을 빌리면, "자본과세의 주된 목적은 정부재정을 충당하기 위함이 아니고, 자본주의를 규제하기 위함이다."[1] 세금 정책은 세수확보, 효율, 형평, 단순성 등 여러 가지 정책목표를 동시에 추구하기 때문에 전문지식이 필요하다. 현대 재정학의 많은 이론은 특히 효율성 문제를 가장 중요하게 접근하고 있다. 이는 경제학이 주관적 학문이 아닌 객관적 학문이므로, 효율성 문제에 치중할 수밖에 없기 때문이다. 형평성은 일반인들의 관심은 높지만, 형평에 대한 정의가 객관적이지 않고 다소 주관적이므로, 이를 정교한 경제학 틀 속에서 풀어가기에는 한계가 있다.

피케티는 자본에 대한 세금을 높임으로써, 자본 불평등을 해소할 수 있다는 논리를 폈다. 즉 세 가지 법칙으로 불평등 구조를 설명했는데, 세금으로 인해 자본스톡, 자본소득, 자본수익률, 경제성장률에 미치는 영향이 없다는 가정을 바탕으로 한다. 자본에 대한 세금을 높이면, 자본수익률은 떨어지고, 경제성장률도 떨어진다. 이는 결국 자본스톡이 낮아지고, 결과적으로 자본소득도 떨어지게 된다. 결과적으로 자본세금이 높아짐에 따라, 국가경제가 퇴보함을 의미한다. 피케티의 이론 구조에서는 전체소득 대비 자본, 경제성장률 대비 저축률 등 상대적 크기를 측정하므로, 국가경제가 퇴보하는 효과를 보여 줄 수 없는 한계가 있다. 그러나 상식적으로 생각해도, 자본세금이 높아짐에 따라 다른 경제변수에 영향을 미치게 됨은 당연하다. 이 효과는 세계경제가 개방화됨에 따라 그 효과가 매우 높아지게 되었으며, 피케티는 이런 사실을 무시하고 있다.

세계경제의 변화는 개방화로 함축적으로 표현할 수 있으며, 1980년대부터 시작되었다. 개방화는 각국이 선택할 수 없는 정책 수단이 아니다. 따라서 1980년대를 기준으로 이전을 폐쇄경제, 이후를 개방경제로 나누므로, 조세 정책을 접근하는 방법도 이 시점을 기준으로 확연히 달라져야 한다. 과거 폐쇄경제하에서는 조세 정책이 형평성 중심으로 이루어졌으며, 누진 구조가 강화되었고, 소득 중심의 세금이 매우 높았다. 그러나 개방화 경제로 변하면서 소득 중심의 세금 수준이 급격히 낮아지기 시작하였다.

예를 들면, 선진국 7개 국가들의 평균 법인세율 변화를 보면, 1981년에 44%에서 2009년에 27%로 인하하였다. 소득세제도 최고한계세율이 점차로 감소하는 추세를 보여 준다. 영국은 대처(Margaret

H. Thatcher) 총리가 취임하기 전 1970년대에 소득세 최고한계세율이 80% 수준이었으나, 대처 정부는 거의 40% 수준으로 낮추었다. 전 세계적으로 소득 관련 세제의 세부담이 떨어지는 이유는 형평성을 경시해서가 아닌, 개방화로 인해 국가 간 세금 낮추기 경쟁(tax competition)이 일어났기 때문이다. 피케티 주장대로, 소득세 한계세율을 최고 80%로 올리면, 유능한 인력의 국제 간 이동이 발생할 수밖에 없으며, 이는 프랑스에서 올랑드 대통령 집권 이후에 발생한 변화이다. 국가 간 노동이동을 막을 수 없는 개방화 시대에 형평성을 위해 세율을 높이면, 실제로 발생하는 현상은 고소득자의 해외이동으로, 자국 내 세수뿐 아니라 형평성도 달성하지 못하는 결과를 가진다.

과거 사회주의 체제를 가졌던 러시아와 동유럽 국가들의 소득세제는 단일세율 체계로 바뀌었다. 피케티는 형평을 달성하기 위한 수단으로 고소득층에 높은 누진세 구조를 주장했지만, 이미 형평 중심의 사회주의 국가들은 오히려 불공평한 단일세율 체계를 도입하였다. 예를 들면, 러시아는 2001년에 소득세제를 13% 단일세율 체계로 바꾸었다. 피케티는 소득불평등 수준이 심해지면, 민족주의, 보호주의 등이 강화되기 때문에 고소득층에 세금을 높임으로써 소득불평등 수준을 낮춰야 한다고 주장하였다. 그러나 이미 소득평등 사회를 경험했던 과거 사회주의 국가들이 자본주의 국가들도 하지 못하는 소득세제의 단일세율 제도를 도입하고 있는 현실이다.

자본주의 국가 중에서도 형평을 강조하는 북유럽 국가들도 고소득층에 대한 세금 강화가 아닌, 세금 완화로 역행하는 방향으로 가고 있다. 예를 들면, 스웨덴은 2005년에 상속세를, 2006년엔 부유세를 폐지하였다. 또한 소득세제는 모든 소득을 합산하여 누진세율을 적용하는 종합합산제도가 형평을 높이는 제도이지만, 북유럽 국가들은 1990년대부터 노동소득과 자본소득에 대해 각각 다른 세율을 적용하는 이중과세제도(dual income tax system)를 도입하였으며, 노동소득에 대한 세율이 자본소득보다 오히려 높은 구조이다.

피케티의 제안대로 높은 자본세를 부과하려면 모든 국가가 과세 자료를 공유해야 하는데 현실적으로 매우 어렵다. 국가별로 서로 상이한 경제 및 지역적 특성을 보유하고 있으므로, 모든 국가가 동조해서 과세 정보를 공유하고, 동일한 세금 정책을 적용하는 것이 비현실적이다. 조세 경쟁이 현실화된 국제 경제 환경에서, 동참하지 않는 국가의 이익이 엄청나게 크게 되므로, 과세 자료 공유에 대한 피케티의 제안은 본인 스스로도 인정하고 있지만, 유토피아적이다.

Chapter 3

한국에 주는 시사성

피케티의 이론과 주장이 한국에 주는 의미를 이야기하기 전에, 한국의 불평등 추이를 정확하게 파악하는 것이 선행되어야 한다. 그러나 불행하게도 한국의 분배 불평등 수준을 피케티처럼 300년 간 분석하는 연구는 존재하지 않는다. 가장 근본적인 이유는 자료가 존재하지 않기 때문이다. 불평등 자료는 한 시점의 실태를 파악하는 것도 중요하지만, 연도별로 불평등 추세를 파악하는 것이 중요하다. 그러기 위해서는 한국 전체 국민을 대표하는 표본 자료가 매년도에 존재해야 한다. 한국에서 전체 국민을 대상으로 소득을 조사한 자료는 2000년대부터 가능하다. 따라서 고작해야 20년 이내의 소득불평등 추세만을 볼 수 있을 뿐이다. 그러나 소득 자료와 달리, 부의 불평등을 파악할 수 있는 자료는 극히 제한되어, 거의 추세를 볼 수 없는 상황이다.

한국의 소득불평등 수준을 분석한 연구를 보면, 국제비교를 통한 한국의 소득불평등 수준은 심각한 수준이 아니다. OECD 등에서 행해진 국제비교 결과에 의하면, 한국의 불평등 수준은 미국보다 양호하나, 유럽보다는 나쁜 수준으로, 전체 국가에서 중간 정도의 수준이다. 이러한 수준은 상위 10%의 소득비중을 봐도, 20% 수준으로 피케티에서 보여 준 선진국에 비해 양호한 수준이다. 불평등 추이를 보더라도, 2000년 이후로 불평등 수준이 조금 높아지는 추세이지만, 그 폭이 그리 크지 않으므로, 이 정도의 추이를 가지고 점차로 나빠진다는 결론을 유도하기 어렵다.

소득불평등 자료를 해석하는 데 주의해야 할 점은 소득계층은 고착된 것이 아니고, 항상 변화한다는 사실이다. 예를 들면, 상위 10% 계층의 점유율이 20%에서 25%로 높아졌다면, 상위 10% 계층에 동일한 사람이 있으며, 이들이 더 소득을 가지게 되었다는 의미가 아니다. 상위 10%에 속한 사람은 항상 변할 수 있다. 한국 자료를 사용해서 실증분석한 한 연구에 의하면, 중산층에서 상류계층으로 소득이동하는 계층이 매년 전체의 10～17%, 중산층에서 하류계층으로 이동하는 계층이 11～18% 수준이었다.[2]

피케티가 제안한 세금 정책은 자본에 대한 누진 구조이며, 부자에게 더 높은 세율을 부과하자는 것이다. 먼저 한국의 조세 정책에 대한 특징을 알아야 한다. 한국은 낮은 세금 부담을 가진 국가이므로, 유럽 국가들과 단순비교해서는 안 된다. 낮은 세금 부담 국가이지만, 소득계층 간 부담 수준을 보면, 상위계층이 상대적으로 높은 부담을 하고 있다. 소득세의 경우, 상위 10%가 전체 소득세수의 68%

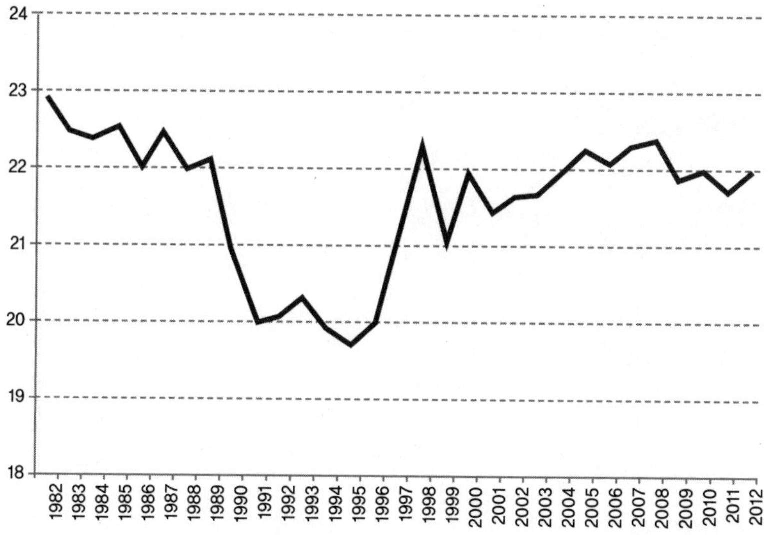

성명재(2014)

한국에서 상위 10%의 점유율

를 부담하고, 법인세는 상위 1%, 10%가 전세 법인세수의 86%, 97%를 부담할 정도로 누진도가 높은 구조이다. 자본 관련 세금은 이보다 더 높은 구조다. 한국의 상속세 부담은 전 세계적으로 가장 높다. 상속 및 증여세제는 5단계 누진 구조로서 최고한계세율이 50%이며, OECD 평균세율 26%와 비교할 때 거의 두 배 수준이다. 상속세율의 변화 추이를 보면, 1996년까진 최고세율 40%, 1997~1999년 45%, 2000년 이후 50%로 높아진다. 2003년 말 완전포괄주의 상속세제를 도입하여 제도뿐 아니라, 행정적으로 상속세제를 강화하였다.

Chapter 4

평가

피케티가 선진국의 불평등 수준을 300년간 분석한 것은 매우 중요한 연구 결과이며, 이 분야의 학문 발전에 지대한 공헌을 한 것으로 평가할 수 있다. 따라서 책자도 실증분석 결과에 한정해서 구성하고, 책 제목도 『21세기 자본』이 아닌, 『선진국의 불평등에 관한 300년간 분석』으로 했으면 더 좋았을 것이다. 그러나 피케티는 불평등 실태를 통해 자본주의 체제의 문제로 해석하고, 이를 해결하는 방법으로 높은 자본과세를 제안하였다. 불평등 구조가 더 심각해져도, 모든 국민이 과거보다 더 잘살게 된다면, 이러한 사회가 인류에 더 바람직한 체제다.

또한 시장경제는 현재 최고 1% 부자계층이라고 해서, 항상 그 위치를 유지할 수 없다. 오로지 한 가지 기준에 의해 자신의 소득계층이 결정되며, 그 기준은 얼마나 소비자를 만족시켰느냐에 달려 있다. 자본주의에서 부자는 소비자를 만족시킨 대가일 뿐이고, 중세의 귀족처럼 태어날 때부터 지위를 타고나는 것이 아니다. 현재 부자라고 해도, 다음 해에 소비자가 외면하면 빈곤층으로 전락할 수 있는 구조다. 그래서 자본주의는 가장 민주적이라고 할 수 있다. 자본주의의 장점은 항상 소비자를 위해 노력하고 성공해야 최고소득 계층 자리를 유지할 수 있으며, 이러한 메커니즘이 누구의 디자인에 의해 결정되지 않고, 경쟁이란 원리에 의해 자발적으로 작동하게 된다는 점이다.

한국의 불평등 수준은 절대 높지 않으며, 시계열적으로 악화되는 뚜렷한 추이를 볼 수 없다. 한국의 자본수익률도 소수 계층의 자본스톡에 의해 자동적으로 결정되는 것이 아니고, 대기업을 중심으로 국제 간 경쟁력을 확보해야 일정 수준의 자본수익률을 유지할 수 있다. 피케티의 주장처럼, 자본가에게 보장된 수익률 모형에 집착하게 되면, 우리 대기업에 대한 부정적 정서와 시장경제에 대한 왜곡된 인식으로 인해, 절대로 우리 대기업은 더 이상 발전할 수 없다. 한국의 기업가 정신이 위축되면, 자본수익률은 떨어질 수밖에 없으며, 그나마 그동안 압축성장 과정을 통해 구축한 자본도 점차로 잃어버리는 결과를 가질 것이다.

피케티의 주장은 한국의 자본이 국제경쟁력을 가지고 계속적으로 성장해야 하는 현 시점에서 도움이 되지 않는 경제철학이다. 피케티는 상대방에 대한 배 아픔의 인간 정서를 부추기면서, 소수에 대한 세금 강화로 배 아픔을 해결할 수 있다는 주장을 하고 있다. 그러나 누구의 경제적 희생이 없이도 소수 부자들의 자본축적이 가능하다면, 이를 배 아픔 정서로 소수의 부에 대해 부정적으로 볼 필요가 없고, 오히려 사회적으로 권장하는 분위기를 만들어야 한다.[3] 발전은 다른 사람의 경제적 희생이 없어도 가능하지만, 경제성장이 누군가의 희생에 의해 이뤄진다는 거짓된 인식이 국민들 간에 공유된다면, 그 사회는 더 이상 발전할 수 없다. 한국은 지속적으로 성장해서 선진국에 진입해야 하나, 피케티의 경제철학이 국민들에게 호소력을 가지면, 한국의 성장 신화는 우리 시대에서 멈추고 말 것이다.

참고문헌

김성태, 전영준, 임병인, "우리나라 소득이동성의 추이 및 결정요인 분석", 『경제학연구』, 제60집 제4호, 2012.

성명재, "한국의 소득분배: 현황, 정책효과, 국제비교", 『정책제안』, 자유경제원, 2014.

Grubel, Herbert, "What Piketty Misses", 2014.

Holcombe, Randall, "Piketty's Capital 1, 2, 3", "Piketty on Inequality", 2014.

Schwartz, Pedro, "Poverty and Inequality", "Piketty Fever", 2014.

주

1. "The primary purpose of the capital tax is not to finance the social state but to regulate capitalism"(Piketty, p.518).
2. 김성태 외(2012).
3. "As long as the improvement of the situation of a member of a society is not at the cost of any other member, I do not in principle see any reason to complain or interfere. In any free society it is crucial to separate the vice of envy from the virtue of emulation"(Schwartz, 2014).

Part 3

가난으로 인도하는 피케티의 『21세기 자본』

안재욱 (경희대학교 경제학과 교수)

Chapter 1

시작하는 말

피케티의 『21세기 자본』은 크루그만이 "올해의 가장 중요한 책"이라고 극찬을 할 만큼 세계적으로 대단한 인기를 끌고 있다. 700여 페이지에 이르는 두꺼운 책임에도 불구하고 「뉴욕타임스(NewYork Times)」와 아마존닷컴(Amazon.com)의 베스트셀러 목록에 올라 있으며, 국내에서 수입된 원서가 매진되었을 정도다. 또, 최근 조사에 따르면 구입해 놓고 읽지 않는 베스트셀러 1위가 피케티의 『21세기 자본』이라고 한다.[1] 읽지도 않은 책에 대해 그렇게 많은 사람들이 열광하고 있는 이유는 이 책이 이성보다는 감성에 호소하고 있기 때문인 것으로 보인다. 사실 피케티는 오스틴(Jane Austen)과 발자크(Honore de Balzac)의 소설들을 인용하며 소설 속의 상황과 통계를 적절히 섞어가면서 불평등 문제를 다루고 있어 대중에게 어필하는 면이 많다.[2]

피케티는 이 책에서 자본과 자본수익률에 관해 연구하면서 부유한 사람들의 저축과 자본축적은 임금소득을 줄인다고 주장한다. 축적된 자본은 생산을 증가시키지 않고 국민소득 중 임금으로 가는 몫을 줄이며 그만큼 이윤으로 가는 몫을 증가시킨다는 것이다.

피케티는 그러한 '파괴적인' 자본축적과 그에 수반되는 불평등의 악순환을 막기 위해 고소득에 대해서 80%의 누진세를 부과해야 하고, 자본에 대해서는 직접 10% 정도의 세금을 부과해야 한다고 주창하고 있다. 그리고 이러한 세제가 효과를 발휘하기 위해서는 국제 공조가 필요하다고 주장한다. 자본을 끌어 들이기 위해 국가 간 조세 인하 경쟁을 벌이면 조세회피처가 생겨 자본축적에 의한 불평등을 해소할 수 없기 때문이라고 한다.

피케티가 1800년대부터 최근까지에 이르는 광범위한 역사적 데이터를 사용하여 소득불평등을 연구한 것은 높이 평가되어야 한다.[3] 그리고 이 책에는 참고할 만한 유용한 정보가 많고, 경제학적 틀에 얽매이지 않으며 역사와 문학을 끌어들이면서 경제 문제를 다룬 것은 매우 의의가 크다. 한편 경제학계가 수학과 순수이론에 대한 집착에서 벗어나지 못하고 있다는 피케티의 비판은 새겨들어야 할 대목이다. 사실 오늘날의 경제학이 현실의 중요한 문제를 외면하고 사소한 수학적 문제에 천착하고 있는 것은 문제다.

그러나 그의 연구는 이론적 모형을 비롯하여 논리성과 정책 제안에 이르기까지 많은 문제점을 갖고 있다. 피케티가 분석의 틀로 삼고 있는 이론과 통계 분석 내용, 그리고 그의 주장들을 상세히 검토할 필요가 있다.

Chapter 2

피케티의 주요 주장과 문제점

피케티의 기본적인 생각은 자본수익률이 경제성장률보다 크다는 것이다. 그래서 자본소유자의 소득과 부가 일반 사람들보다 더 많이 증가한다는 것이다. 그로 인해 소득과 부의 불평등이 증가하는 결과를 초래하기 때문에 자본소유를 통제하지 않으면 결국 사회가 파괴되는 결과를 초래한다는 것이다. 그는 이러한 문제를 해결하는 방안으로서 부에 대한 글로벌 세금을 제안하고 있다. 실제로 데이터를 이용하여 불평등의 추세를 보여 주며, 불평등이 1914~1945년 기간 동안 낮아졌다가 20세기 후반에 지속적으로 증가했다고 주장한다. 피케티는 이러한 주장을 설명하기 위해 세 가지 자본주의 기본법칙을 내세운다.

1. 자본주의 제1법칙: 기업가의 역할을 무시하고 있다

자본주의 제1기본 법칙(The First Fundamental Law of Capitalism)은 다음과 같은 수식으로 표현되고 있다.

$$\frac{\text{자본소득}}{\text{국민소득}} = \text{자본수익률} \times \frac{\text{자본량}}{\text{국민소득}}$$

이 식의 시사점은 자본량이 국민소득에서 차지하는 비중이 많을수록 국민소득에서 자본소득이 차지하는 몫, 즉 자본가의 소득이 많아진다는 것이다.

그러나 피케티가 제시한 제1법칙은 방정식이 아니라 항등식이다. 다시 말하면 인과관계를 설명하는 수식이 아니라 세 변수(자본수익률, 자본량, 자본소득 비율)들을 단순히 연결하는 동의반복(tautology)이라는 말이다. 어떤 변수에 대해 제약이나 가정을 두지 않으면 이 식은 설명력을 가질 수 없다. 이 식은 세 변수 간의 관계를 단순히 정리하는 데는 의미가 있을 수 있지만 설명할 수 있는 것이 아무것도 없다. 따라서 이것은 법칙이 되지 못한다.

그러나 피케티가 이 식을 법칙이라고 주장하는 이유는 자본수익률이 서서히 감소한다고 가정하기 때문이다. 이것을 설명하기 위해서는 한계생산성 체감의 법칙과 대체탄력성을 이해할 필요가 있다. 생산요소 1단위 증가에 따른 생산물 증가분을 한계생산물이라고 한다. 일반적으로 생산요소 투입량이 증가할수록 이 한계생산물은 감소한다. 이것을 우리는 한계생산성 체감의 법칙이라고 한다. 이에 따르면 자본량이 증가하면 자본의 한계생산성은 하락한다. 그래서 자본수익률이 한계생산성에 의해 결정된다고 하면 자본축적이 증가함에 따라 자본수익률이 감소한다.

자본축적이 증가할 경우 자본수익률이 감소할 때 만약 자본축적의 증가에 비해 자본수익률의 감소가 상대적으로 작으면 자본소득의 몫은 증가하고, 만약 자본축적의 증가에 비해 자본수익률의 감소가 상대적으로 크면 자본소득의 몫은 감소한다. 이것은 자본과 노동 간의 대체탄력성에 달려 있다. 대체탄력성이라는 것은 주어진 재화와 서비스를 생산하기 위해 자본과 노동의 상대가격이 변했을 때 자본이 어느 정도 노동을 대체할 수 있는가를 측정하는 것이다. 대체탄력성이 1보다 크면 자본/노동의 상대가격의 변화, 즉 가격효과(price effect)에 비해 자본/노동 비율, 즉 규모효과(volume effect)가 커진다는 것이고, 1보다 작으면 자본/노동의 상대가격의 변화에 비해 자본/노동 비율이 낮아진다는 것을 의미한다.

피케티는 자본수익률이 서서히 하락한다고 가정하고 있다. 이것은 대체탄력성이 1보다 크다는 가정이나 다름없다(Piketty, p.214). 대체탄력성이 1보다 크다는 것은 규모효과가 가격효과보다 크다는 것을 말한다. 그러나 Summers(2014)는 자본의 순수익을 계산할 경우 대체탄력성이 1보다 큰 경우가 있는 연구는 없다고 하며, 피케티가 자본의 총수익과 순수익을 구분하지 않고 사용하며 혼돈하고 있다고 비판하고 있다. 그럼에도 불구하고 피케티는 대체탄력성이 1보다 크다는 가정하에서 자본주의 제1법칙이 성립한다고 주장한다. 다시 말하면 자본량이 증가하면 자본의 한계생산성이 하락하지만 자본

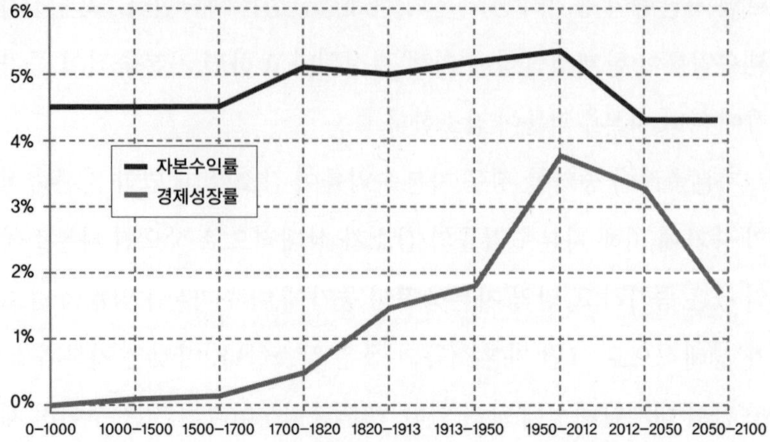

Piketty(2014), Figure 10.9, p.354

〈그림 1〉 전 세계 자본수익률과 경제성장률(고대~2100)

소득의 몫은 증가한다는 것이다. 〈그림 1〉처럼 피케티는 데이터를 통해 장기적으로 자본수익률은 크게 변함이 없고 4~5%로 거의 일정하다는 것(Piketty, Figure 10.9, p.354)을 근거로 자본주의 제1법칙을 주장한다.

피케티의 제1법칙을 이해하기 위해서는 먼저 피케티가 자본을 어떻게 정의하고 있는가를 이해할 필요가 있다. 피케티는 자본(capital)과 부(wealth)를 동일시하며 주택을 포함한 부동산, 금융 자산, 공장, 인프라, 기계 등의 물적 자본, 그리고 기업 이윤 및 특허를 자본에 포함시키고 있다. 사실 이것들은 모두 이질적인 것으로 이것들의 가치를 하나의 변수로 통합하기는 매우 어렵다. 그러나 피케티는 분석을 위해 이들이 갖는 화폐가치들을 종합하여 자본량을 측정하고 있다.[4] 따라서 피케티의 수식과 통계적 분석에서 나오는 자본량은 각 자산들의 화폐가치의 총합이다. 이러한 점에서 피케티의 수식에 나오는 자본량은 자본의 가치를 나타낸다.

이 식에 따라 피케티는 자본가들이 자본의 양을 가지고 있기 때문에 자본소득을 얻는다고 말한다. 이것은 달리 표현하면 자본은 가지고만 있으면 저절로 소득을 낸다는 말이다. 이것은 산술적으로는 맞을지 모르지만 경제학적으로, 혹은 실제에서는 전혀 옳지 않은 이야기다. 왜냐하면 자본은 결코 저절로 소득(수익)을 낳지 않기 때문이다.

자본이 소득을 낳는 경우는 그것이 자본소유자에 의해 생산적인 것에 사용되고 그 결정이 성공하였을 때이다. 다시 말하면 자본의 소득은 자본소유자가 그것을 어떻게 사용하느냐에 따라 결정된다. 생산적이고 효율적으로 사용하면 높은 소득을 얻고 그렇지 않으면 낮은 소득을 얻는다.

피케티의 제1법칙이 갖고 있는 치명적인 문제점은 바로 기업가의 활동을 무시하고 있다는 것이다. 피케티는 기업가의 활동을 자본수익과 관련하여 이론적으로나 통계적 분석에서 전혀 고려하고 있지 않다. 자본의 소득은 기업가의 주관적인 생산계획에 따라 달라진다. 자본을 생산적으로 사용한 기업은 많은 소득을 얻지만, 자본을 비생산적으로 사용하는 기업은 적은 소득을 얻는다.

어떤 일을 함에 있어서 중요한 것은 자원의 양이 많고 적음보다는 주어진 자원을 활용하는 사람에 있다는 것은 임진왜란 때 원균과 이순신의 경우가 극명하게 보여 준다. 원균은 칠천량 해전에서 대참패를 당해 12척만 남고 거북선을 포함하여 100척이 넘는 조선 전선(戰

船)이 모두 수장되게 하였고 조선 수군 2만여 명이 궤멸되게 했다. 반면, 이순신은 여기서 남은 12척과 또 다른 1척을 더해 13척을 가지고 명량해전에서 왜함 330척을 쳐부수는 세계해전사상 유래 없는 대승을 거뒀다.

이처럼 경제에서도 아무리 많은 자원을 가지고 있다 하더라도 그것을 잘못 사용하면 실패하고, 적은 자원이라고 할지라도 잘 사용하면 성공을 거둔다. 경제성장에서 인적, 물적 자원의 양도 중요하지만 그보다 더 중요한 것은 그것을 활용하는 사람, 즉 기업가다. 동일한 자원이라고 할지라도 그것을 사용하는 기업가에 따라 그 성과는 매우 다르게 나타난다. 피케티는 이 점을 완전히 무시하고 있다.

2. 자본주의 제2법칙: 역사적 사실과 다르다

피케티는 아래와 같이 자본주의의 제2기본법칙(The Second Fundamental Law of Capitalism)을 표시하고 있다.

$$\frac{\text{자본}}{\text{소득}} = \frac{\text{저축률}}{\text{경제성장률}}$$

이것은 장기관계식이다. 다시 말하면 장기에 자본/소득 비율이 저축률과 경제성장률의 비율과 같다는 것이다. 예를 들어 저축률이 12%이고, 경제성장률이 2%면 장기에 자본/소득 비율은 6이 된다. 이것은 자본량이 소득의 6배라는 의미다. 피케티는 이 식을 이용해 자본의 동태적 과정을 설명한다.

단기에 자본/소득 비율은 자본량을 소득으로 나눈 값, 즉 자본/소득 비율 = 자본량/소득 비율이다. 만일 현재에 자본량이 장기균형인 소득의 6배보다 적다고 하자. 이것은 자본량/소득 비율 〈 6이라는 의미로 장기균형을 이루기 위해서 자본증가율이 경제성장률보다 커야 한다. 그래서 자본/소득 비율이 6이 될 때까지 증가한다는 것이다. 반대로 단기에 자본량/소득 비율 〉 6이면 자본증가율이 경제성장률보다 낮아야 한다. 그래서 자본/소득 비율이 6이 될 때까지 하락한다는 것이다.

피케티는 이 식을 장기적으로 불평등이 악화되고 있다는 데 사용하고 있다. 자본/소득 비율이 증가하면 자본주의 제1법칙에 따라 자본소득의 몫이 증가하여 불평등이 장기적으로 악화됨을 보이고자 한다. 그런데 경제성장률이 하락하든가, 또는 저축률이 경제성장률보다 지속적으로 높으면(즉, 저축에 의해 자본축적이 많아지면) 자본/소득 비율은 증가한다. 그래서 실제로 피케티는 통계를 이용하여 경제성장률의 하락을 보여 주면서 자본/소득 비율의 증가를 설명하고 있다(〈그림2〉 참조; Piketty, Figure 10.7, p.352). 또한 저축률이 경제성장률보다 크다는 것을 보여 주면서 불평등이 악화됨을 주장하고 있다(〈그림3〉 참조; Piketty, Figure 10.8, p.352).

피케티는 이에 대한 증거로 일본의 경우를 든다. 일본의 저축률이 15%, 경제성장률이 2% 정도였고, 장기간 동안 자본스톡이 국민소득의 6~7배였다는 사실은 바로 자본주의 제2법칙이 성립하는 것이라고 주장한다(Piketty, p.175). 그리고 그는 유럽이나 일본과 같은 부국에서 1970~2010년 동안 민간의 부가 급격히 증가한 것은 지속적인 높은 저축률과 더불어 낮은 경제성장률로 설명될 수 있다고 주장한다(Piketty, p.183).

그러나 피케티의 이러한 주장은 잘못이다. 왜냐하면 피케티가 내세우는 자본주의 제2법칙은 저축률과 경제성장률이 독립적이라면 의미가 있지만, 만약 그렇지 않다면 의미가 없기 때문이다. 경제성장률과 저축률은 서로 얽혀 있다. 일반적으로 저축률과 경제성장률 간에는 밀접한 관계가 있다. 저축률이 증가하면 장기적으로 경제가 성장한다. 이러한 관계를 볼 때 이 두 변수를 비교하는 것은 의미가 없는 것이다.

저축, 즉 자본축적에 따라 자본재 공급이 많아질수록 자본/소득 비율이 증가하면서 노동생산성이 증가하고 총생산량이 증가해 경제성장률이 커진다. 이 과정에서 임금소득이 증가한다. 이것은 역사적으로 증명된 사실이다. 또한 기술발전을 위한 투자에는 저축을 통한 자본축적이 필요하다. 이 과정에서 자본/소득 비율이 증가한다. 자본/소득 비율의 증가가 기술발전을 위한 투자 증가일 수 있다. 피케티 주장대로 자본에 대해 중과세를 하면 기술발전이 떨어져 경제가 침체된다.

피케티가 독립변수로 다루고 있는 저축률과 경제성장률 두 변수가 사실상 얽혀 있는 것뿐만 아니라 두 변수는 원인이 아닌 결과들이며 내생변수들이다. 그래서 경제성장률 하락을 가지고 자본/소득 비율이 높아진다고 주장하는 것은 잘못이다. 피케티의 제2법칙은 단순한 방정식을 이용하여 국민소득, 자본/소득 비율, 저축률과 같은 거시총량변수를 연결하고 있다. 총량(aggregate)변수는 기본적인

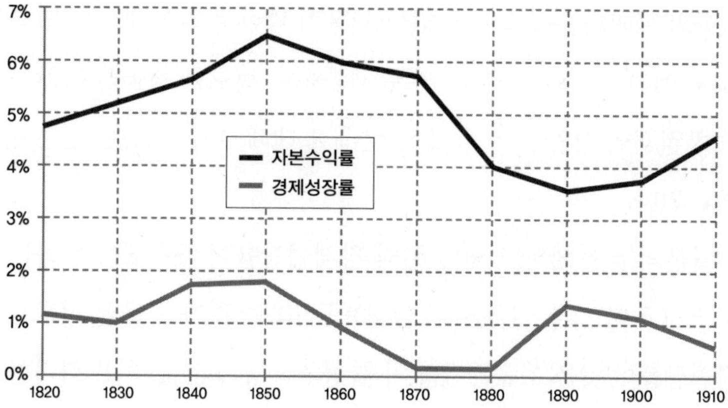

Piketty(2014), Figure 10.7, p.352

〈그림 2〉 프랑스의 자본수익률과 성장률(1820~1913)

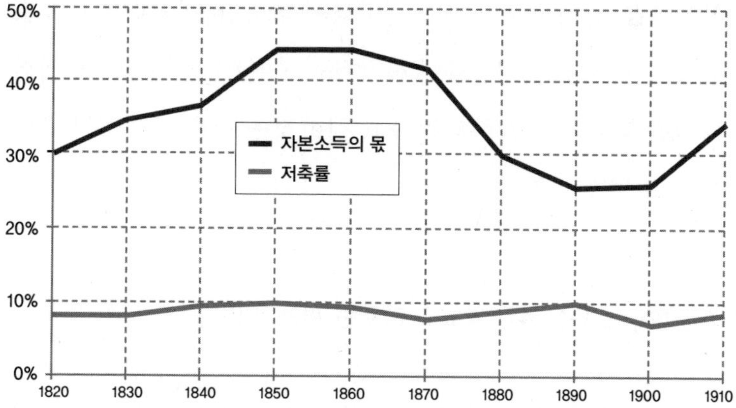

Piketty(2014), Figure 10.8, p.352

〈그림 3〉 프랑스의 자본소득의 몫과 저축률(1820~1913)

변화의 메커니즘을 감추고 있는 경우가 많아 논리상 오류가 있을 수 있다. 이 방정식에 대해 더 많은 제약이나 정보를 제공하지 않는 한 이 방정식이 개인 간 부와 소득 분배에 대해 말할 수 있는 것은 아무것도 없다.

일본의 경우에서도 왜 일본의 경제성장률이 하락했는가 하는 점이 중요하다. 일본이 '잃어버린 20년'이라는 평가를 들을 정도로 경제싱장률이 낮은 이유는 플라자 협정(Plaza Agreement) 이후 과다한 통화발행으로 야기된 거품이 꺼지면서 불황을 맞았고, 경제의 구조조정을 통해 불황을 극복하지 않고 오히려 확대 통화 및 재정정책을 통해 좀비(zombie) 기업들을 존속시켜 왔기 때문이라는 것이 학계의 정설이다. 그런데 일본의 경제성장률이 하락한 이유를 정확히 밝히지 않고 단순히 경제성장률이 하락하여 자본/소득 비율이 증가함으로써 소득불평등이 악화되었다고 결론짓는 것은 사후적인 데이터를 가지고 꿰맞춘 주장에 불과하다.

3. 제3법칙: 소득불평등 악화와 아무런 관계가 없다

피케티는 자본주의 제3법칙으로 다음을 제시한다.

자본수익률 〉 경제성장률

그는 자본수익률이 경제성장률보다 높다는 것을 이용하여 왜 자본주의에서 불평등이 악화되는지를 설명한다. 자본수익률이 경제성장률보다 높기 때문에 자본소유자의 소득이 국민소득에서 차지하는 비중이 높아질 수밖에 없고, 그에 따라 불평등이 심화된다는 것이다. 다시 말하면 사람들이 벌어들인 임금에 비례하여 자본을 소유하면 불평등은 증가하지 않지만, 소득분포의 상위에 있는 사람들이 훨씬 더 많은 자본을 소유하기 때문에 그들의 소득과 부는 저소득층의 사람들보다 훨씬 빠르게 증가해 불평등이 심화된다는 것이다. 피케티는 이것이 '자본주의의 가장 중요한 모순(the central contradiction of capitalism)'이라고 주장하며, 많은 통계를 이용하여 이점을 증명해 보이고 있다(Piketty, p.571).

피케티가 주장하는 제3법칙은 일견 옳은 것처럼 보인다. 그러나 자본수익률이 경제성장률보다 높다는 것은 사실 불평등 심화와는 아무런 관계가 없다. 이것을 보기 위해 Harrod-Domar 성장모형을 보기로 하자. Harrod-Domar 성장모형에서 산출량은 자본량에 비례하여 결정된다.[5] 즉,

$$\text{산출량} = \text{자본수익률} \times \text{자본량}$$

이 식을 이용하면 자본/소득 비율은 $\frac{1}{\text{자본수익률}}$임을 알 수 있다. 그러면 피케티의 제2법칙에 따라 다음과 같이 쓸 수 있다.

$$\text{저축률} = \frac{\text{경제성장률}}{\text{자본수익률}}$$

여기에서 우리는 자본수익률과 경제성장률이 같은 경우는 저축

률이 1인 경우라는 것을 알 수 있다. 다시 말하면 소비는 전혀 하지 않고 소득을 모두(100%) 저축하는 경우다. 세상에 이런 국가는 없다. 현실적인 경우는 소득 중 일부는 소비하고 일부는 저축하는 것이다. 즉, 저축률이 1보다 작은 경우다. 저축률이 1보다 작으면 자본수익률은 경제성장률보다 항상 높다. 모든 국가에서 현실적으로 자본수익률은 경제성장률보다 항상 높다. 따라서 저축률이 경제성장률보다 높다는 것이 불평등이 악화되거나 개선되는 것과는 아무런 상관이 없는 것이다. 제2법칙과 마찬가지로 여기에 다른 제약이나 더 많은 정보를 제공하지 않는 한 이 식을 이용하여 자본수익률이 경제성장률보다 높다고 하여 불평등이 악화된다고 주장하는 것은 잘못이다.

자본은 확실히 부의 축적 수단임에는 논란의 여지가 없다. 그러나 이것이 상위 1%, 혹은 10%의 전유물만은 아니라는 점이다. 중산층 역시 주식과 같은 금융자산을 보유한다. 피케티는 불평등을 주어진 것으로 본다. 상위 계층의 부를 증가시키는 동일한 조건이 저소득층의 생활수준을 향상시킬 수 있다는 사실을 완전히 무시하고 있다. 피케티는 지난 30년 동안 친시장적 정책을 도입한 중국, 인도, 라틴아메리카 등에서 불평등이 증가하였다고 비판하고 있다(Piketty, pp.326-327). 그러나 친시장적 정책이 수많은 사람들을 가난으로부터 구출했다는 것에 대해서는 얼버무리고 넘어간다.

30년 전 세계 인구의 30%가 하루에 1.25달러 이하로 생활했다. 그러나 오늘날 그런 생활을 하는 사람은 20%로 줄었다. 1990년 말 라틴아메리카 인구의 약 12%가 극빈자였다. 그러나 오늘날 그 절반인 6%로 줄었다. 중산층이 늘어났기 때문이다. 이러한 변화가 경제성장, 또는 소득재분배 효과 때문이라고 할 수 있다.[6] 그러나 최근 중산층이 가장 많이 사라진 국가들은 베네수엘라와 같이 투자를 적게 하고 재분배를 많이 한 국가들이다.[7] 반대로 민간투자율이 GDP의 20~25%에 달하는 칠레, 페루, 콜롬비아 등에서는 오히려 중산층이 확대되었다. 칠레 인구의 14%만이 가난하고 페루의 저소득층 비율은 2001년 이후 절반으로 줄었다.[8] 투자된 자본이 가치를 생산했고, 생산된 가치는 일자리를 만들었으며 수많은 사람들의 소득을 증가시켰다. 이것이 중산층의 확대를 가져온 이유다. 중산층이 더 많은 가치를 창출할 자본을 보유하게 되었음은 물론이다.

피케티는 1980년 이후 불평등이 증가했다고 비판한다. 그러나 조금만 비켜 생각해 보면 자본주의 경제에 살았던 사람은 누구나 1980년 이후 생활수준의 향상을 누렸던 것을 알 수 있다. 단순히 상위계층의 사람들만 누린 것이 아니라 모든 사람이 그러했다. 이렇게 전체적인 생활수준이 향상된 것은 자본소유자가 자본을 생산적인 용도에 사용하였기 때문이다. 피케티의 연구에서는 이러한 자본소유자의 경제적 기능이 전혀 보이지 않는다.

4. 소득불평등의 근본적인 원인 분석이 없다

피케티가 제시한 데이터를 보면 미국에서 상위 10%가 전체 소득에서 차지하는 비율이 1910년 약 40%에서 1929년 대공황 이전에 약 50%까지 증가했다가 그 후 하락하여 1995년 다시 약 40%로 회복되

Piketty(2014), Figure 1.1, p.24

〈그림 4〉 미국의 소득불평등(1910~2010)

었다. 그 후 다시 2008년 금융위기 전에 약 50%까지 다시 올랐다가 금융위기 후 약간 하락했다(〈그림4〉 참조; Piketty, Figure 1.1, p.24). 이것을 근거로 피케티는 불평등이 악화되고 있다고 주장한다.

그러나 총량 변수만을 가지고는 정확히 소득불평등의 근본적인 원인을 찾을 수 없다. 피케티의 수식에 따르면 자본량이 많아지면 자본소득이 많아지는 것은 당연하다. 그러나 자본량 증가가 소득불평등의 근본적인 원인이라고 할 수 없다. 그래프를 보면 상위 10%의 상대적 소득이 이 기간 동안 급격하게 증가하지 않았다. 대신에 1929년 대공황 직전과 2008년 글로벌 금융위기 직전에 정점을 이룬 것을 알 수 있다. 이것은 소득불평등이 버블 기간에 오르고 그 후 감소한다는 것을 보여 준다. 그런데 이 버블 기간은 미국의 중앙은행이 연방준비위원회(Federal Reserve Board)가 금리를 인위적으로 낮게 유지하며 통화를 무분별하게 발행하고 미국 정부가 경제에 깊숙이 개입했던 시기다.

미제스-하이에크에 따르면 소득불평등, 특히 비생산적인 소득불평등의 원인은 통화팽창에 있다. 중앙은행의 통화 정책에 의해 통화량이 증가하면 아직 물가가 오르지 않은 상태에서 새로 유입된 통화를 일찍 손에 넣은 사람의 실질구매력은 증가하게 된다. 그러나 통화증가로 인해 물가가 오른 후에 새로 유입된 통화를 입수한 사람의 실질구매력은 상대적으로 하락한다. 결국 새로 유입된 화폐를 일찍 손에 넣은 사람과 나중에 입수한 사람 간에 부와 소득 격차가 발생한다. 새로운 화폐를 일찍 먼저 이용할 수 있는 사람들은 일반 서민들보다는 정부와 연관성을 가지고 있는 부유한 사람들이다. 그래서 이 점을 생각하면 피케티의 데이터 분석에서 자본가치의 증가로 나온 불평등은 자유시장이 아닌 정부의 통화팽창의 산물이라 할 수 있다.

인간사회에서 소득과 부의 불평등은 자연스런 현상이다. 그것은 사람마다 능력과 재능이 다르고, 모든 사람이 다 열심히 일하는 것이 아니기 때문이다. 따라서 부와 소득불평등 자체를 문제 삼아서는 안 된다. 그러나 생산적인 인간행동의 결과가 아닌 통화팽창에 의한 비생산적인 소득불평등은 문제이다. 이러한 소득불평등은 발생해서는 안 된다. 이것을 막기 위한 방법은 자본에 대한 중과세를 부과하는 것이 아니다. 세금을 부과할 경우 생산을 위축시키고 경제성장 둔화와 일자리 감소를 낳아 오히려 소득불평등이 더욱 심해질 수 있다. 따라서 소득불평등 문제를 해결하는 방법은 통화 정책을 신중하게 하여 무분별하게 통화를 발행하지 않는 것이며, 자유로운 경제활동을 통해 경제를 성장시켜 서민들이 일자리를 유지하고 소득을 증가시키는 것이다.

경제성장이 둔화되면 가장 먼저 피해 보는 사람들은 서민들이다. 경제성장이 둔화되면 일자리가 줄고 소비가 감소한다. 일자리를 잃어 임금 이외의 소득이 없는 서민들은 고통을 겪게 된다. 그리고 소비가 감소함으로써 소규모 자영업자 역시 소득이 감소하여 고통을 겪게 된다. 임금 이외의 소득이 있거나, 숙련노동자들, 그리고 전문직에 종사하는 사람들은 일자리를 유지할 수 있어서 경제성장이 둔화되더라도 생활과 저축이 가능하다. 이러한 과정으로 인해 소득격차가 더욱 심해진다.

5. 계층 간 이동(mobility)을 인식하지 못하고 있다

피케티는 유산이 불평등을 심화시킬 것이라고 우려한다. 그 증거로 최근에 영국, 프랑스, 독일에서 유산에 따른 부가 증가하고 있음을 보이고 있다(〈그림5〉 참조; Piketty, Figure 11.12, p.425). 물론 부자의 아이들은 유산 때문에 유리한 입장에서 출발한다. 한편 가난한 아이들은 물려받은 것이 거의 없기 때문에 가진 것이 없이 출발한다. 유산이 불평등을 심화시킨다는 피케티의 주장은 유산을 받은 자손이 스마트하여 그것을 그대로 유지하든가 혹은 더 잘 관리하여 부를 더 키울 수 있다는 것을 가정하고 있다. 그러나 아무리 유산을 많이 받았다 하더라도 그것을 잘못 관리하거나 무분별한 생활을 하여 탕진하면 결국 저소득층으로 떨어진다. 그리고 비록 부모로부터 물려받은

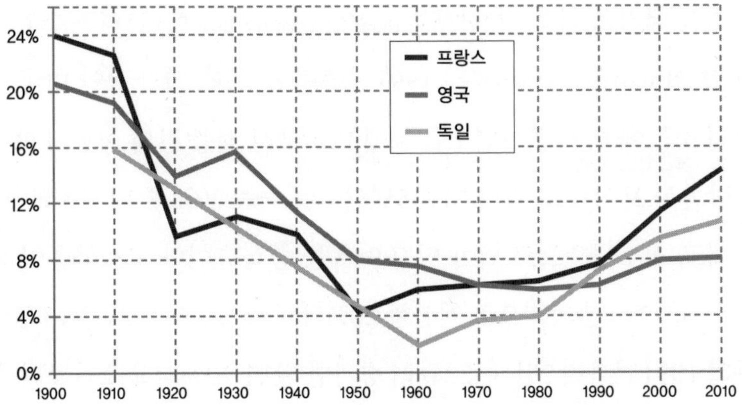

Piketty(2014), Figure 11.12, p.425

〈그림 5〉 유럽의 유산 추이 (1900~2010)

유산은 없지만 자신이 열심히 일하고 저축하여 많은 부를 축적한 사람도 많다. 그래서 유년에는 저소득층에 속했었으나 나이가 들면서 상위계층으로 이동한 사례가 대단히 많다. 결국 출발선이 문제가 아니라 최종적인 결과는 자신이 어떻게 하느냐에 달려 있고, 자본주의가 잘 발달한 국가일수록 이러한 일들이 더 잘 일어난다. 자본주의 사회에서는 물려받은 부보다는 성품, 개성, 재능, 선의, 인내, 성실 등이 더 큰 성공을 낳는다.

피케티는 영국, 프랑스, 독일에서 유산에 따른 부가 증가하고 있다고 하지만, 미국에서는 조금 다르다. 미국의 백만장자들의 약 80%는 1세대들이다. 빌 게이츠(Bill Gates), 스티브 잡스도 여기에 포함된다. 미국인의 최상위층 1%의 부 중 상속이 차지하는 비중은 15% 정도다(Tanner 2014). 물론 이것은 매우 많은 부다. 그러나 분명한 사실은 대부분의 부자들의 부는 자신들이 직접 일군 것이라는 점이다.

미국 댈러스 연방준비은행(Federal Reserve Bank of Dallas)의 콕스(Cox)와 앨름(Alm)은 1975년부터 1991년까지 약 25년 기간 동안 미국 가계의 소득에 대한 조사연구를 통해 미국에서 계층 간의 이동이 매우 활발함을 보여 주고 있다.[9] 1975년의 저소득층 20% 중 단지 5%만이 그대로 저소득층으로 남아 있고 95%는 중산층이나 고소득층이 되었으며, 1993년 가격으로 계산한 20%의 저소득층의 소득은 1975년부터 1991년까지 2만 5,322달러 증가한 반면, 20%의 고소득층의 소득은 3,974달러가 증가하여 부유한 사람보다 가난한 사람의 소득 증가가 훨씬 컸다. 물론 1991년에도 1975년처럼 20%의 저소득층이 존재했지만 그 안에 속해 있는 사람들은 부유했던 사람이 실패해서 빈민층이 되었거나 외국으로부터 들어온 사람들이었으며, 1991년의 20%의 저소득층의 절대적인 소득 수준은 1975년 20%의 저소득층보다 훨씬 높았다.[10]

특정 그룹만을 위하고, 그 결과 부익부 빈익빈이 일어나는 것은 오히려 정실주의(cronyism)에서다(안재욱, 2014). 자본주의 사회에서 성공하고 부를 축적할 수 있는 기회는 누구에게나 주어져 있다. 그 사회에서 성공하고 부자가 될 수 있는 유일한 길은 남을 만족시키는 것이다. 남들이 원하고 생각하는 것이 무엇인지를 파악하여 그것을 경쟁자들보다 훨씬 더 잘 제공해 주어야 한다. 그렇지 않으면 성공할 수 없고 부를 축적할 수 없다. 따라서 자본주의 사회에서 부자와 가난한 사람의 위치는 어떤 특정 계층이 차지하지 않고 시간이 지나면서 그 위치가 지속적으로 변한다. 한 번 가난한 사람이 더욱 가난해지고 부유한 사람이 더욱 부자가 되는 이른바 '부익부 빈익빈'은 자본주의 사회의 특징이 아니다. 미래의 자신의 위치와 성공 여부는 자신이 어떻게 하느냐에 달려 있는 것이다.

그러나 정부가 경제에 깊숙이 개입하여 정부 주도로 이끌어지는 경제 체제에서는 다르다. 정치인과 정부 관리와 특별한 관계를 갖고 있는 사람이 부를 축적하기가 쉽다. 정부는 법령을 통해 자원을 강제로 배분할 수 있는 권한을 가지고 있다. 그 정부 권력을 수행하는 사람들이 정치인과 정부 관리들이다. 이런 사회에서는 사업을 누구나 할 수 있는 것이 아니라 정부의 허가를 받는 사람들만이 할 수 있기 때문에 자원 배분권을 가지고 있는 정치인과 정부 관리와 연계되어 있는 사람이 사업허가권을 쉽게 얻어 부를 축적할 수 있다. 그렇지 않은 사람들은 부를 축적하기 어렵다. 이런 사회에서는 학연, 지연, 혈연에 의해 자원이 배분되는 경향이 많다. 그래서 부정부패가 만연하고 연줄이 없는 사람은 가난에서 쉽게 벗어나기 어렵다. 부익부빈익빈은 정부 주도로 이끌어지는 경제 체제의 정실주의에서 일어나는 것이다.

오늘날 대부분의 국가에서 정부가 경제에 깊숙이 개입함으로써 정실주의를 띠고 있다. 이것을 자본주의로 오해하고 현실에서 나타나는 많은 문제를 자본주의 탓으로 돌리고 있다. 2008년 글로벌 금융위기를 촉발시킨 미국의 서브프라임 모기지 론(subprime mortgage loan) 사태는 정부의 주택시장에 대한 개입과 과다한 통화팽창에 그 근본적인 원인이 있다. 그리고 문제를 일으킨 월 스트리트(Wall Street)의 금융회사들에 대한 구제금융도 정부와의 연계에서 이뤄진 것이다. 따라서 소득불평등의 근본 원인은 정부의 경제 개입에 있으므로 비난받아야 할 것은 정실주의지 자본주의가 아니다. 미국보다 유럽에서 부익부 빈익빈 문제가 더 크게 나타나는 것은 정부가 경제에 개입하는 정도가 유럽에서 훨씬 높기 때문이라 할 수 있다. 유산의 문제로 부의 불평등이 심해질 것을 우려한다면 부에 대한 중과세를 할 것이 아니라 정부의 경제 개입을 줄이는 것이 근본적인 해법이다.

Chapter 3

맺음말

피케티는 많은 역사적 데이터를 이용하여 소득과 부의 불평등을 연구하고 있지만 오히려 역사적 진실을 외면하고 있다. 전체적인 그림을 보지 못하고 한편만 보고 있는 '외눈박이' 시각으로 역사를 보고 있다. 피케티는 자본축적이 사람들 간에 소득 및 부의 불평등을 심화시킨다고 주장한다. 뿐만 아니라 소득에 대한 누진세와 자본에 대한 중과세를 통해 불평등 문제를 해결하지 않으면 자본주의가 쇠퇴하고 인류가 고통을 받을 것이라고 주장한다. 그러나 그의 주장은 인류사에서 일어난 실제 사실과 완전히 배치되며 역사를 왜곡하고 있다.

자본주의가 출현하기 전 봉건사회는 신분사회였다. 조상에게 물려받은 신분이 바뀌지 않기 때문에 가난하게 태어나면 평생 가난하게 살아야 했고 영주나 귀족으로 태어나면 평생 신분을 유지하며 일생 동안 부유하게 살았다. 자본주의가 출현하기 이전의 생활 격차는 극심했다. 중산층은 신발을 신고 있지만 하층민은 신발조차 못 사 신을 정도였다. 오늘날 자본주의 국가들에서 빈부 차이는 부자는 최고급 승용차를 몰고 다니고 가난한 사람은 소형 승용차를 몰고 다니는 정도다.

이렇게 대중들이 잘살게 된 것은 자본축적의 결과였다. 사람들이 소득을 다 소비하지 않고 일부를 저축, 투자한 결과였다. 저축은 기업가와 노동자 모두에게 이득을 준다. 사람들이 저축한 돈이 은행을 통해 기업가로 하여금 자본이 부족해서 착수하지 못한 사업을 시행할 수 있게 해 준다. 기업가는 이 자본을 이용하여 노동자를 고용하고 원료를 사들인다. 노동과 원재료에 대한 수요 증가로 인해 임금과 원재료 가격이 오른다. 결국 기업가, 노동자, 원재료 공급자 모두 이득을 보게 된다.

자본과 노동은 분리되어 있는 것이 아니다. 자본축적이 이뤄져야 노동자의 소득도 올라간다. 임금은 노동의 한계생산성에 의해 결정된다. 효율적이고 좋은 도구를 가지고 일을 하는 사람은 그렇지 않은 도구로 일하는 사람보다 동일한 시간에 훨씬 더 많은 일을 해 낼 수 있다. 노동의 생산성은 더 나은 도구와 기계의 사용에 달려 있다. 자본축적이 되어야 도구와 기계를 구입하는 투자가 이뤄질 수 있다. 투자가 이뤄지면 노동자는 더 높은 임금을 벌 수 있다. 동일한 일을 하더라도 한국의 노동자가 방글라데시의 노동자보다 더 높은 임금을 받는 이유는 한국에 자본의 공급과 자본재의 양이 많기 때문이다. 자본이 부족하면 외국의 자금이라도 끌어 와야 한다. 자본축적이 없었던 한국이 오늘날 이렇게 경제성장을 이룬 것도 해외자금을 끌어 오는 데 성공했기 때문이다.

이러한 경제발전이 이루어지게 한 자본축적에 필수적이고 중요한 것은 사유재산이다. 사유재산권이 보장되어야 열심히 일하고 저축하고 투자한다. 국내투자든 해외투자든 몰수되지 않으리라는 기대가 있어야 투자가 이루어진다. 자본을 몰수한 사회주의 국가들이 빈곤과 곤경을 겪다가 몰락했고, 외국 자본을 몰수했던 아르헨티나와 같은 국가들이 후진국으로 전락한 것이 이를 증명한다. 그럼에도 불구하고 피케티는 이런 사정을 애써 외면하며 노동과 자본이 분리되어 있다고 생각한다. 그리고 자본축적에 대해 대단한 반감을 갖고 자본축적에 대한 중과세를 주장한다.

그러나 우리가 피케티의 주장을 그대로 따른다면 가난의 길로 접어들게 될 것이다. 뿐만 아니라 소득불평등이 줄어드는 것이 아니라 오히려 더 커질 것이다. 사회주의 국가와 남미 국가들에서 상위계층과 하위계층 간의 소득과 부의 격차는 자본주의를 채택한 국가들에서 상위계층과 하위계층 간의 격차보다 훨씬 크다는 사실이 이를 말해 준다.

피케티의 『21세기 자본』은 사람들을 가난으로 인도하고 있고, 궁극적으로는 불평등의 완화가 아니라 불평등을 더욱 심화시키는 세계로 우리를 인도하고 있다. 세계 모든 국가들이 공조하여 자본증세를 강화해야 한다는 피케티의 주장은 마르크스와 엥겔이 '공산당선언'에서 "전 세계 노동자들이여 단결하라"로 외치는 것과 어딘지 닮았다.

참고문헌

안재욱, 『얽힌 실타래는 당기지 않는다: 시장경제와 정부의 역할』, 삼성경제연구소, 2006.

안재욱, "정실자본주의는 자본주의가 아니다", 『자유경제스쿨 에세이』, 5월 3일, 2014. http://www.freemarketschool.org/board/index.html?id=freemarket3&no=93

Cox, W. M. and Alm, R., "By Our Own Bootstraps," *Annual Report*, Federal Reserve Bank of Dallas, 1995.

Grubel, H. G., "Economic Freedom and Human Welfare: Some Empirical Findings," *Cato Journal*, Vol. 18. No. 2, 1998.

Llosa, Alvaro Vargas, "Piketty and Emerging Markets," *Mises Institute Daily*, June 16, 2014.

Piketty, Thomas, *Capital in the Twenty-First Century*, The Belknap Press of Harvard University Press, Cambridge: Massachusetts, 2014.

Ray, Debraj, "Nit-Piketty; A Comment on Thomas Piketty's Capital in the Twenty First Century," http://www.econ.nyu.edu/user/debraj/Papers/Piketty.pdf, 2014.

Summers, Lawrence H., "The Inequality Puzzle," http://www.democracyjournal.org/33/the-inequality-puzzle.php?page=1, 2014.

Tanner, Michael, "Inequality Myths," National Review, May 14, http://www.nationalreview.com/article/377883/inequality-myths-michael-tanner, 2014.

주

1. "사놓고 안 읽는 베스트셀러 1위는 피케티의 『21세기 자본』", 「조선일보」, 2014.7.7.
2. 제인 오스틴은 18세기 영국의 여류소설가이다. 『오만과 편견』, 『이성과 감

성』 등으로 작가로 유명하다. 오노레 드 발자크는 프랑스 소설가이다.『고리오 영감』,『사촌 베트』,『골짜기의 백합』 등 100여 편의 장편소설과 단편소설, 희곡 등 수많은 작품을 써낸 작가로서 프랑스 자연주의 소설에 큰 영향을 미쳤다고 평가 받고 있다.

3. 그는 동료들과 함께 100여 년 기간에 걸친 세계 각국의 소득세 납부 자료를 광범위하게 수집하면서 오랫동안 소득분배 관련 통계 자료를 축적해 왔다. 이것은 경제학계에 크게 공헌한 것이다.

4. 실제로 자본은 노동과 결합하여 산출물을 생산해 내는 여러 가지 다른 생산재를 총칭하는 말이다. 그래서 자본의 구조는 매우 복잡하고, 다양하며, 질적 차이가 존재할 뿐만 아니라 자본재의 가치는 기업가의 주관적인 생산계획에 따라 다르다. 그로 인해 경제적으로 의미 있는 자본의 양을 정확히 측정할 방법이 없으며, 경제에 존재하는 자산들을 화폐가치로 변환하여 총합한 숫자가 의미가 없다. 이점에서 피케티는 자본을 지나치게 단순화했다. 또한 피케티는 통계분석에서 노동소득이 아닌 것은 모두 자본으로 처리했다. 이것은 자본의 양이 과다 상계되었을 위험이 있다.

5. 이에 대한 자세한 것은 Ray(2014)를 참조하기 바람.

6. 이 부분은 Llosa(2014)에서 참조한 것임.

7. Grubel(1998)은 56개국의 1980~1993년간 데이터를 이용하여 소득을 균등하게 하려는 분배정책은 경제자유를 감소시키고 그로 인하여 1인당 소득의 수준 및 증가율을 감소시키는 실증분석 증거를 제시하고 있다.

8. Llosa(2014) 참조.

9. Cox, W. M. and Alm, R.(1995), p.23.

10. 안재욱(2006), pp.65~66.

Part 4

신화(myth)와 열병(fever)의 『21세기 자본』

조동근 (명지대학교 경제학과 교수)

Chapter 1

시작하는 말

'피케티'의 야심작 『21세기 자본』의 대중적 인기가 프랑스와 미국에서 큰 차이를 보이고 있다. 미국에서는 절판될 정도의 인기를 누렸지만 정작 프랑스에서는 비교적 냉담했다고 한다. 이러한 차이는 무엇에 기인하는가? 일반적으로 인지도가 높아지려면 시간이 필요하다. 『21세기 자본』 원전은 2013년 8월에 출간되었고 영어 번역본은 2014년 3월에 나왔다. 약 8개월 동안의 입소문이 피케티 자본론의 인지도를 높였을 수 있다. 그리고 막대한 대중적 영향력을 가진 현실참여 학자인 '크루그만' 교수의 극찬도 한몫 했을 수 있다. 하지만 보다 큰 요인은 일반 대중과 지식사회의 인식의 차이로 판단된다. 프랑스가 상대적으로 미국에 비해 평등 같은 좌파적 가치에 경도되었음을 부정할 수 없다. 따라서 불평등 해소를 강조하는 피케티의 주장이 프랑스에서는 그리 새로운 것이 아닐 수 있다. 하지만 그동안 효율을 추구해 온 미국의 경우는 다르다. 글로벌 금융위기의 상흔이 남아 있고, 금융위기는 불평등을 자아냈다. 같은 책이라도 던지는 문제의식은 달리 해석된다. 인간의 성정(性情)은 '보고 싶은 것'을 보게 되어 있다.

『21세기 자본』의 미국에서의 대중적 인기는 '월가 시위'와 무관해 보이지 않는다. '월가 시위'는 그 논리적 진위(眞僞)를 떠나 '신자유주의에 의한 자본주의 타락'에 대해 일반대중이 분노했기 때문에 일어난 것으로 인식된다. 하지만 천착하면 사정은 달라진다. 우선 '월가 시위'는 2011년 10월에 일어났다. '리먼 브라더스(Lehman Brothers)' 파산(2008년 10월)으로 촉발된 글로벌 금융위기를 기점으로 하면 3년이 흐른 시점이다. 따라서 '신자유주의에 대한 대중의 분노'라는 추상적(抽象的) 요인을 월가 시위의 직접적 계기로 보기는 어렵다. 월가 시위대가 정작 분노한 것은 부실기관 구제금융제도(TARP)에 따라 공적자금이 투입된 부실금융회사들의 최고경영자(CEO)들이 보너스 파티를 벌였기 때문이다.[1] 이 같은 고액 연봉으로, 금융기관 CEO들이 위험을 '사회화'하고 이득을 '사유화'했다는 주장이 제기됐던 것이다. 주지하다시피 월가 시위대는 '1 대 99'의 프레임을 설정했다. 이는 금융권의 '도덕적 해이'를 공격하기 위한 상징으로 미국의 소득분배 '그 자체'를 문제 삼은 것은 아니다. 그렇다고 글로벌 대기업, 특히 금융기관 CEO의 천문학적 보수를 용인한 것은 아니었다. 미국이 빠른 속도로 '불평등화'되고 있다는 일반 대중의 정서가 '피케티 열광'을 만든 것이다.

『21세기 자본』의 한국어 번역본이 출간되기도 전에 국내 많은 매체들이 피케티 열풍에 부채질을 했다. 한국의 불평등도 역시 심각한 상태라는 것이 주종을 이룬다. 우리 사회에서 『21세기 자본』에 대한 열병은 미국을 능가할 것으로 예측된다. 우리 사회는 '불평등에 대한 용인도'가 극히 낮기 때문이다. "배고픈 것은 참아도 배 아픈 것은 참지 못한다"는 것이 우리의 정서이다. 과거 배고팠던 때는 배 아플 겨를이 없었다. 그래서 배고픔을 가장 빠른 시간 내에 극복할 수 있었다. 하지만 지금은 사정이 다르다. 빈곤이 아니라 '상대적 빈곤'이 문제라고 생각하는 사람들이 더 많아졌다. 빈곤은 떨칠 수 있지만 상대적 빈곤은 늘 '상존'할 수밖에 없다.

피케티 『21세기 자본』의 논지는 명료하다. "돈이 돈을 버는 자본수익률이 경제성장률을 항상 앞지르기 때문에 점차 불평등이 심화될 수밖에 없다."는 것이다.[2] '부의 평등 분배'는 요원하기 때문에, 체제 유지 차원에서 고소득자와 고액 자산가에게 높은 세금을 매겨야 한다는 것이다. 피케티는 자본에 대한 효과적인 과세를 위해 '국가간 공조'가 필요하다는 주장까지 펴고 있다. 이러한 피케티의 논지는 우리의 정서와 여론 동향에 부합할 공산이 크다. '듣고 싶은 이야기'가 있기 때문이다. 부와 소득의 불평등의 심화는 '구조적'이기 때문에 개인의 힘으로 막을 수 없다면, 별도의 정치적·사회적 특단의 조치가 필요하다는 생각에 이르게 되고, 이 같은 생각이 공유되면 사회는 균형을 잃게 된다. 이념과 가치의 균형을 잃는 것만큼 위험한 것은 없다.

'월가 시위'가 세를 넓히지 못하고 기대와 달리 조기에 진정된 데에는, 월가 시위대가 "우리는 99%다"를 외칠 때 "우리는 53%다"를 외친 '연방세 납세자'의 자발적 견제가 있었기 때문이다. 이들은 온라인 사이트를 개설하고,[3] '월가 시위대'와 달리 '인증샷'으로 신분을 드러내고 주장을 펼쳤다. 익명에 의존하지 않는 당당함이 큰 반향을 불러일으켰다. 그들 포스팅의 기조는 "미국은 기회(opportunity)의 나라이지 보장(guarantee)의 나라가 아니다"라는 것이다. "내 인생이 나아지려면 정치적 변화가 필요하다"가 월가 시위대의 주장이었다면, 이들은 "내 인생은 내 것이다"라는 보수적 입장을 견지했다. '자립과 근로'의 우파적 가치가 균형자 역할을 한 것이다. 미국이 건강한 것은 이념과 가치에서 '견제와 균형'이 이루어지고 있기 때문이다. 사회가 균형을 유지하면, 미신(myth)과 열병(fever)은 결코 존속되지 않는다. 미국에서의 『21세기 자본』의 생명은 저서가 가진 경쟁력, 즉 '논리체계의 정합성과 현실 설명력'에 의해 결정될 것이다. 균형 사회에서 피케티 거품은 지속될 수 없다.

우리 사회에서 이념과 가치의 균형을 바라는 것은 '연목구어(緣木求魚)'가 아닐 수 없다. 모든 것이 '남의 탓'이고, '국가가 나서야' 문제가 풀린다고 생각하는 경향이 있다. 이처럼 아직까지 자기책임 원칙을 받아들이는 문화가 정착되지 않았다. 그렇다 보니 부지불식간에 '국가에의 의존'이 타성화되었다. 이 같은 상황에서 피케티의 주장은 '마른들에 불 섶'이 될 수 있다. 불평등을 사후적으로 완화하는 '재분배'와 불평등을 원천적으로 해소하기 위한 '국가개입' 요구가 봇물을 이룰 수도 있다. 『21세기 자본』이 한국 사회에 던지는 의미는 '미신(myth)과 열병(fever)'으로 압축될 수 있다. 이 글의 목적은 『21세기 자본』을 비판적으로 성찰함으로써 '미신과 열병'을 완화시키는 것이다.

Chapter 2

『21세기 자본』 요지

1. '불평등 심화' 기제로서의 기본부등관계: The fundamental force for divergence: $r > g$

피케티는 『21세기 자본』의 서문에 책 전체를 함축할 수 있는 2개의 그림을 수록하고 있다. 〈Figure I.1〉은 1910년에서 2010년까지 미국의 상위 10% 소득계층의 소득점유율 추이를 나타낸 것이다. 그림에서 보듯이 1910~1920년까지 전체 소득의 45~50%를 차지하던 소득상위 10% 계층의 소득점유율이 1950년대에는 35% 수준으로 떨어진다. 이 같은 불평등 완화는 '쿠즈네츠(Kuznets) 가설'로 압축 표현된 바 있다. 즉 성장 초기에는 경제적 불평등이 심화되지만 어느 정도 성장이 이루어지면 경제적 불평등이 완화된다는 것이다. 하지만 1970년대까지 35% 이하에 머물던 소득점유율은 1980년을 계기

〈Figure I.1〉 미국의 소득 불평등(1910~2010)

로 증가하다가 2000년대에서 2010년대를 지나면서 다시 45%에서 50%로 증가하고 있다. 피케티는 〈Figure I.1〉을 근거로 쿠즈네츠 가설을 사실상 기각하고 있다. 즉 경제가 성장하면서 경제적 불평등이 완화되지 않는다는 것이다. 그는 이 그림을 근거로 상위 10% 소득계층의 소득점유율이 2010년도 이후 더욱 커질 수 있음을 주장하고 있다.

피케티는 이 같은 불평등 심화의 한 요인으로 글로벌 대기업 경영자의 천문학적 보수를 지목하고 있다. 피케티는 이같이 보수가 높은 것은, 이들 경영진들의 생산성이 높아서라기보다는 생산성과 무관하게 별다른 제약 없이 그들의 보수가 정해지는 견제 부재와, 한편으론 협상력을 가졌기 때문이라고 설명한다.

〈Figure I.2〉는 1870년부터 2010년까지 영국, 프랑스, 독일의 민간자본(total value of private wealth)의 소득배율을 표시한 것이 다.[4] 19세

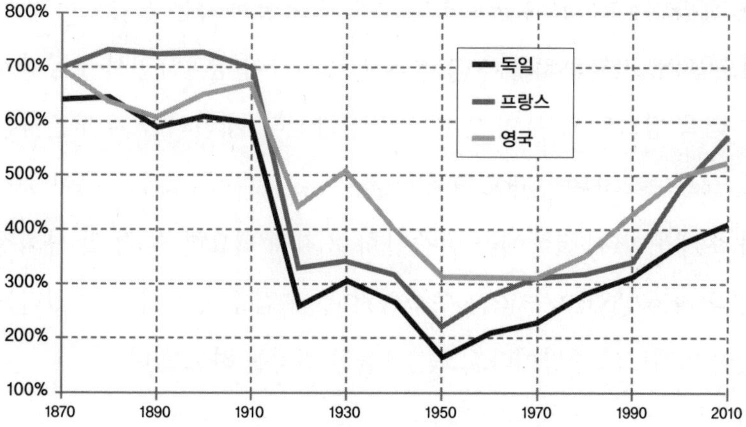

〈Figure I.2〉 유럽의 자본/소득 비율, 1870-2010

기 말에는 자본/소득 비율은 700%를 넘었다. 이 비율은 1914~1945년까지 급격히 감소해 200~300%로 낮아졌다. 하지만 1950년 이후에는 자본/소득 비율이 다시 증가해 2010년에는 500~600%로 증가했다. 독일의 자본/소득 비율은 다소 낮으나 증가 추세는 프랑스, 미국과 동일하다.

피케티는 역사적으로 자본수익률(r)이 경제성장률(g)보다 높았다고 주장한다.[5] 그리고 이를 '기본 부등관계'(the fundamental inequality)로 명명했다. 피케티는 이 같은 '기본 부등관계' 즉 $r > g$을 '불평등 심화'의 핵심기제로 삼았다(The fundamental force for divergence: $r > g$). 장기에 걸친 '부의 쏠림'과 '불평등 심화'는 이러한 부등관계에서 비롯된다는 것이다.

자본수익률이 경제성장률을 초과하면 자본축적이 가속화되어, '세습자본(inherited wealth)'이 소득보다 빨리 증가하게 된다. 이렇게 되면 '세습자본'은 생애 근로소득을 통해 축적된 자본을 압도하게 된다. 이처럼 자본수익률이 더 커질수록, 시간이 경과하면서 부등관계는 더욱 강화되고 '부의 불평등'은 심화된다. 개인의 초기 부존자본이 커질수록 자본의 유효수익률(effective rate of return on capital)이 증가하기 때문이다. 결국에는 민주사회 유지에 필요한 '능력 및 사회정의' 원칙과 양립할 수 없는 수준까지 '부의 집중'이 심화될 수 있다는 것이 피케티의 주장이다.[6] 그는 우울한 전망을 하고 있다.

2. 미국 소득분배의 장기 시계열 추이

미국의 소득분배는 극단적으로 불평등한가? 〈표 1〉은 가계소득의 구간별 그리고 최상위 5% 소득계층의 소득변화를 인플레이션을 반영, 2007년 달러가치로 환산해 1947년부터 2007년까지 표시한 것이다. 미국 상무부 자료인 만큼 통계의 신뢰성 문제는 없을 것으로 판단된다(http://www.webcitation.org/query?url=http%3A%2F%2Fwww.census.gov%2Fhhes%2Fwww%2Fincome%2Fhistinc%2Ff01AR.html&date=2009-04-12).

〈표 1〉은 소득계층별 소득성장배율을 '시계열적'으로 정리한 것이다. 1947년부터 2007년까지 최하위 20% 소득계층은 60년간 2.16배, 40% 차상위 계층은 2.38배, 60% 소득 계층은 2.66배, 80% 소득계층은 2.82배, 최상위 5% 계층은 3.01배 증가한 것으로 나타났다. 〈표 2〉는 소득계층별 소득성장배율을 '횡단면적'으로 정리한 것이다. 1947년 최하위 20% 소득계층의 소득을 '1'로 했을 때, 최상위 소득

연도	20%	40%	60%	80%	95%
2007	27,864 (2.16)	49,510 (2.38)	75,000 (2.66)	112,638 (2.82)	197,216 (3.01)
2006	27,766	48,333	73,220	112,246	196,480
2001	28,108	48,166	73,197	110,264	192,191
2000	28,897	49,173	78,837	110,017	192,790
1995	25,762	44,560	66,175	97,618	167,051
1990	25,907	44,666	64,652	94,564	157,414
1981	24,095	41,016	58,533	82,688	131,233
1971	23,789	39,389	53,988	74,039	115,614
1961	16,984	29,237	39,791	54,804	88,560
1951	13,608	22,186	29,349	40,073	62,802
1947	12,862 (1.00)	20,755 (1.00)	28,144 (1.00)	39,934 (1.00)	65,545 (1.00)

〈표 1〉 미국의 소득계층별 소득변화 추이-시계열 (인플레이션 조정, 단위 달러)

연도	20%	40%	60%	80%	95%
2007	27,864 (1.00)	49,510 (1.78)	75,000 (2.69)	112,638 (4.04)	197,216 (7.08)
2006	27,766	48,333	73,220	112,246	196,480
2001	28,108	48,166	73,197	110,264	192,191
2000	28,897	49,173	78,837	110,017	192,790
1995	25,762	44,560	66,175	97,618	167,051
1990	25,907	44,666	64,652	94,564	157,414
1981	24,095	41,016	58,533	82,688	131,233
1971	23,789	39,389	53,988	74,039	115,614
1961	16,984	29,237	39,791	54,804	88,560
1951	13,608	22,186	29,349	40,073	62,802
1947	12,862 (1.00)	20,755 (1.63)	28,144 (2.19)	39,934 (3.10)	65,545 (5.10)

〈표 2〉 미국의 소득계층별 소득변화 추이-횡단면 (인플레이션 조정, 단위 달러)

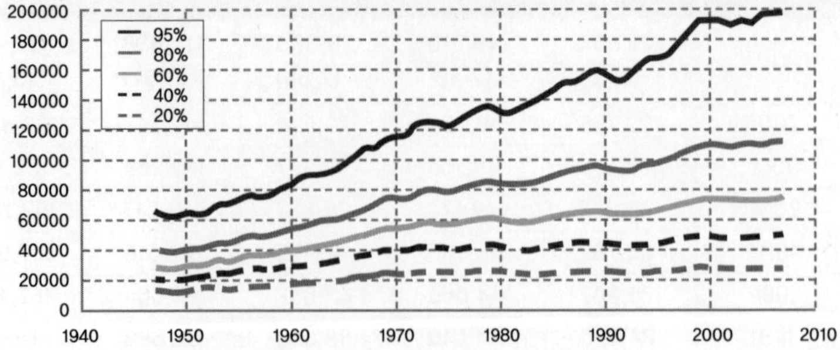

〈그림 1〉 소득계층별 소득변화 추이

계층의 소득배율은 '5.10'이다. 이 같은 소득배율은 2007년에 '7.08'로 확대된다. 〈표 1〉과 〈표 2〉로부터 지난 60년간 소득분배의 불평등이 횡단면적으로 그리고 시계열적으로 증가되었음을 알 수 있다. 〈그림 1〉은 소득계층별 소득증가 추이를 그림으로 나타낸 것이다.

피케티의 〈Figure I.1〉과 〈그림 1〉을 비교해 보자. 미국 상무부의 소득분배 자료인 〈그림 1〉의 출발 연도는 1947년이고, 피케티 그림의 출발 연도는 1910년이다. 1947년 이후 두 그림의 시간 범위(time span)가 겹치기 때문에, 두 그림의 타당성을 교차 확인할 수 있다. 피케티의 그림에 따르면 상위 10% 소득계층의 소득점유율은 추세적으로 증가한다. 소득불평등이 확대된 것이다. 〈그림 1〉도 마찬가지다. 하지만 〈그림 1〉은 추가적인 정보를 제공하고 있다. 하위 소득계층의 소득이 '절대적'으로 감소해서 소득 불평등이 확대된 것은 아니라는 것이다. 〈그림 1〉에서 보듯이 모든 소득 계층의 소득은 추세적으로 증가했지만 그 증가율이 달라 소득불평등이 확대된 것이다. 하지만 〈Figure I.1〉은 상위 10% 소득계층의 소득점유율만을 보여 주기 때문에, 소득격차가 확대되는 과정에서 하위 소득계층의 소득이 '절대적'으로 감소했는지를 알 수는 없다. 〈Figure I.1〉과 〈그림 1〉을 종합해 볼 때, 특정 소득계층의 소득이 절대적으로 감소한 것으로 판단될 여지는 그리 크지 않다. 적정 소득분배는 주관적 판단 영역에 속하지만, 근래 미국의 소득불균형이 '사회적 안정'을 해칠 만큼의 불평등인지에 대해서는 단언하기 어렵다.

Chapter 3

피케티의 이론체계: 자본주의 기본법칙

여기서는 피케티의 이론체계를 기술한다. 비판은 절을 바꿔 이 글 뒷부분에서 한다. 피케티는 3개의 '자본주의 기본법칙(fundamental law of capitalism)'으로 자신의 이론체계를 구성한다.

1. 제1 기본법칙

자본소득분배율(α)은 자본수익률(γ)과 자본/소득 비율(β)의 곱으로 이루어진다. 이를 수식으로 표현하면 1)식과 같다.

$$\alpha \equiv \gamma \times \beta \tag{1}$$

α : 소득 대비 자본소득 비율로서의 자본소득분배율

γ : 자본수익률

β : 자본/소득 비율

1)식을 다시 쓰면, "자본소득분배율(α) = 자본수익률(γ) × 자본/소득 비율(β)"이다.

$$\frac{KI_t}{Y_t} = \left(\frac{KI_t}{K_t}\right) \times \left(\frac{K_t}{Y_t}\right) \qquad \text{1-1)}$$

$$\frac{\text{자본소득}}{\text{총소득}} = \frac{\text{자본소득}}{\text{자본스톡}} \times \frac{\text{자본스톡}}{\text{총소득}}$$

KI_t : 자본소득

K_t : 자본스톡

Y_t : 총소득

1)식은 항등식(identity) 또는 정의식(definition)임을 알 수 있다. 피케티는 항등식을 '자본주의 제1법칙'으로 명명하고 있다. 항등식은 당연논리이기 때문에, 항등식을 법칙으로 삼는 데 선뜻 동의하기 어렵다. 피케티는 항등식을 법칙으로 만들기 위해, 항등식의 '추세'를 강조한다. 시간이 경과함에 따라 "자본소득분배율이 점차 커지기 때문에 불평등이 점차 심화된다"는 것이 피케티의 주장이다.

2. 제2법칙: 자본축적동학법칙(dynamic law of accumulation)

제2법칙은 "자본/소득 비율 = 저축률/경제성장률"로 표시된다.

$$\beta = \frac{s}{g} \qquad \text{2)}$$

s : 저축률, g : 경제성장률

2)식을 직관적으로 이해하면, 저축률은 자본스톡을 증가시키고 경제성장률은 소득을 증가시키기 때문에 장기적으로 '자본/소득 비율'은 '저축률/경제성장률 비율'에 의해 결정된다는 것이다. 만약 장기적으로 저축률이 높아 자본스톡이 커지고 경제성장률이 낮아 소득증가 속도가 완만해지면 '자본/소득 비율'이 커지게 된다. 2)식의 유도과정은 다음과 같다.

$Saving_t$은 t기의 저축으로, 자본스톡은 당기의 저축만큼 증가한다. 2-1)식을 유도하는 과정에서 "균제상태(steady state)에서의 금기(t)와 차기($t+1$)의 자본/소득 비율이 '$\frac{K}{Y}$'로 같아짐"을 이용했다.

$$\begin{aligned} Saving_t &= K_{t+1} - K_t \\ &= \left(\frac{K_{t+1}}{Y_{t+1}}\right) \times Y_{t+1} - \left(\frac{K_t}{Y_t}\right) \times Y_t \\ &= \left(\frac{K}{Y}\right) \times (Y_{t+1} - Y_t) \end{aligned} \qquad \text{2-1)}$$

S_t은 t기에서의 저축률로 저축액을 소득으로 나눈 비율이다. 2-1)식의 양변을 소득으로 나누면 2-2)식을 얻을 수 있다. 2-2)식을 다시 쓰면 2-3)식을 유도할 수 있다.

$$S_t = \left(\frac{Saving_t}{Y_t}\right) = \left(\frac{K}{Y}\right) \times \left(\frac{Y_{t+1} - Y_t}{Y_t}\right) \qquad \text{2-2)}$$

$$= \left(\frac{K}{Y}\right) \times g\,(= grawth\ rate\ of\ Output) = \beta \times g \qquad \text{2-3)}$$

2-3)식을 β에 대해 다시 풀어 쓴 것이 '$\beta = \frac{s}{g}$'로, 피케티는 이를 자본주의 제2법칙으로 명명했다. 2)식은 자본축적동학(dynamic law of accumulation)을 나타내는 '행태식'으로 피케티 이론의 핵심을 이룬다.

피케티는 제2법칙을 이용해 선진국의 '자본/소득 비율(β)'이 높아지는 이유를 설명하고 있다. 그는 1970년부터 2010년 사이에 유럽과 일본 등에서 목도된 소득 대비 민간자본(private wealth)의 급작스런 팽창은 '높은 저축률과 낮은 경제성장률'에 의해 얻어진 결과라고 설명하고 있다. 일본을 예로 들면, 저축률이 15% 안팎이고 경제성장률이 2%을 약간 웃돈다면 장기에서의 자본/소득 비율은 700%가 된다는 것이다. 산술적으로 보면 맞다. 하지만 β값을 커지게 한 저성장은 사후적으로 포착된 '결과(outcome)'이지, 자본/소득 비율을 높이는 근본적 동인(primitive cause)은 아니다. 그리고 성장률과 저축률은 서로 독립적으로 움직이는 변수가 아니다. 성장률이 낮은데 저축률이 높을 수는 없다. 피케티의 제2법칙은 특정 상황하에서 성립되는 행태식으로 "모든 곳에서 그리고 모든 시점"에서 항상 성립하는 것은 아니다. 자세한 사항은 부록을 참조하기 바란다.

제1법칙, 제2법칙을 결합하면 다음과 같이 표기할 수 있다.

$$\alpha = \gamma \times \beta = \gamma \times \left(\frac{s}{g}\right) \qquad \text{2-4)}$$

3. 제3 기본법칙: 경험적 관측

피케티는 자본수익률(r)이 경제성장률(g)보다 크다고 했다. 이는 일종의 '경험칙'이다. 이 같은 경험칙이 피케티의 '불평등 심화'를 가져오는 기본적인 기제(vehicle)인 것이다.

$$r > g \tag{3}$$

해로드(Harrod) 성장모형에 따르면 소득(산출량)은 자본량에 선형으로 의존한다. 즉 '$Y = r \times K$'의 관계가 성립한다. 해로드 모형에서 r은 자본의 생산성과 연결되어 있다. '$Y = r \times K$'를 다시 쓰면 '$\frac{1}{r} = \frac{K}{Y}$'가 되고 1차 차분을 취하면 '$\frac{\Delta K}{\Delta Y} = \frac{1}{r}$'가 된다. 즉 산출을 한 단위 증가시키기 위해서 자본을 '$\frac{1}{r}$' 만큼 투입해야 한다. 이때 '$\frac{1}{r}$'은 고정자본계수로 자본계수의 값이 커지면 자본의 생산성(수익률)은 작아진다. "자본의 생산성$\left(\frac{1}{r}\right)$과 자본/소득 비율$\left(\frac{K}{Y}\right)$을 연결하면" 3-1)식을 얻을 수 있다.[7]

$$s = g \times \beta = g \times \left(\frac{K}{Y}\right) = g \times \left(\frac{1}{r}\right) = \frac{g}{r} \tag{3-1}$$

일반적으로 저축률은 정의상 '1'보다 작다. 이는 일종의 제약식이다. 따라서 다음의 부등식이 성립한다.

$$0 < \frac{g}{r} < 1, \; 0 < g < r \qquad 3)$$

동태적 효율성(dynamic efficiency)이 충족되면 이러한 부등조건식은 피케티 모형뿐만 아니라 어떤 성장 모형에서도 얻을 수 있다. 이때 저축률($s = \frac{g}{r}$)이 '1'이 되면 가장 빠른 속도로 성장($g = r$)할 수 있지만 아무것도 소비할 수 없다. 이는 경제성장의 근본 목적을 부정하는 것이다. 이 같은 맥락에서 상충 문제(central contradiction)를 보다 명료하게 설정할 수 있다. 즉 s를 높이면 성장속도는 빨라지지만 소비 비중이 줄어들어 '소비자후생'은 떨어지게 된다. 즉 저축률(경제성장)과 소비자 후생은 서로 상충관계에 놓여 있다.[8]

피케티가 '제3 기본법칙'으로 명명한 것은 일종의 '제약식'에 지나지 않는다. 이러한 부등관계가 그 나라의 불평등을 낮추거나 또는 높이는 것은 아니다. 즉 자본수익률(r)이 경제성장률(g)을 넘는다는 사실이 불평등을 키우는 요인이 되지 못한다.[9]

Chapter 4

『21세기 자본』 비판

1. 항등식을 '자본주의 법칙'으로 등치

『21세기 자본』의 논지는 직관적이다. 그렇기 때문에 일반 대중에게 쉽게 다가설 수 있다. "돈이 돈을 버는 자본수익률이 경제성장률을 항상 앞지르기 때문에 불평등"이 심화된다는 것이다. 이는 "자본수익률이 종국적으로 줄어들어 자본주의가 멸망할 것"이라는 마르크스의 『자본』을 비튼 것이다. 피케티는, 자본주의 내재적 속성상 불평등이 체제유지와 양립 가능한 수준을 넘어설 수 있기 때문에 체제를 지키기 위해서라도 '고소득자와 자산가'에게 높은 세금을 매겨야 한다고 주장한다.

피케티의 '자본주의 기본법칙'을 결합하면, 경제가 성장할수록 자본소득분배율이 커져 불평등이 심화된다. 즉 자본에 대한 수익률이 경제성장률보다 높아 자본가들로의 소득 및 부의 쏠림현상이 가속화된다는 것이다. 그리고 이 같은 현상이 과거 300년 동안 이어졌다고 주장한다.

피케티의 '자본주의 제1법칙'에는 "자본은 스스로 증식한다"는 전제가 깔려 있다. 즉 "자본소득 = 자본수익률 × 자본"의 관계가 성립한다는 것이다. 이는 자본스톡이 주어지면, 자본소득이 '저절로' 파생된다는 것이다. 하지만 실제의 인과관계에 따르면 저량(貯量)의 가치는 유량(流量)의 흐름에서 나온다. 즉 유량 흐름을 할인한 현재가치의 합이 저량의 가치인 것이다. 이를 정식화하면 4)식과 같다.

$$자본가치 = \frac{소득}{자본수익률} \tag{4}$$

4)식이 의미하는 바는, "자본은 경제활동을 통해 수익을 창출할 때 비로소 자본가치를 가지며, 수익이 없으면 자본가치는 영(零)"이 된다는 것이다. 즉 "자본스톡이 소득을 창출하는 것이 아니라, 소득이 창출될 때 비로소 그 '소득의 원천'으로 자본스톡이 의미를 가지게 되는 것"이다.[10]

피케티는 "죽은 자본에 혼을 불어 넣는 기업가정신"을 간과하고 있다. 5)식은 이윤함수를 표시한 것이다. 이윤은 '총수입($TR(Q)$)'에서 '총비용($TC(Q)$)'을 뺀 잔여이다. 이윤은 자본소득의 가장 큰 원천이다. 하지만 5)식은 '기계론적 사고'에 지나지 않는다. 5)식에 의하면 생산되는 것은 모두 팔리는 것으로 되어 있다. 하지만 현실의 '상업세계'에서 5)식은 성립하지 않는다. 즉 $TR(Q)$와 $TC(Q)$는 $TR(Q_d)$와

$TC(Q_s)$로 표시되어야 한다. 즉 생산하는 대로 팔리지 않기 때문이다. 또한 기업가는 최소비용을 실현하는 $TC(Q_s)$의 꼴(함수식)을 모른다. 시장과정에서 경쟁을 통해 더듬어야 비로소 그 꼴, 즉 최소비용함수를 얻을 수 있다. 판매수입, $TR(Q_d)$도 불확실하기는 마찬가지다. 소비자의 '필요를 읽는 눈'을 갖지 못하면, 즉 '기업가정신'이 작동하지 않으면 생산된 재화는 재고로 쌓이게 된다. 상업세계에서 중요한 것은 '이윤기회에 깨어 있는 경각심(alertness)'으로 무장한 '기업가'이지 생산요소 소지자로서의 '자본가'는 아니다. 피케티 이론체계에는 '커즈너(Kirzner, 1973)'류의 기업가는 존재하지 않는다.

$$\Pi(Q) = TR(Q) - TC(Q) \qquad 5)$$

경제성장에서 가장 중요한 요인은 기술혁신과 신발명품이다. 『월 스트리트 저널(Wall Street Journal)』은 "1870년에서 2007년까지 미국 경제는 연률 2.1%로 성장했는바, 이는 새로운 기술의 등장(혁신의 물결)에 기인한 것"이라고 평가하고 있다.[11] 『월 스트리트 저널』이 제시한 논거를 부록에 표시했다. 새로운 발명품은 자본이 축적됐다고 저절로 만들어지는 것이 아니다. 새로운 방식과 사고로 새로운 재화를 발명한 기업가에게 '소득과 부'가 창출되는 것이다. 말(馬) 없이 마차가 혼자 움직일 수는 없다. 따라서 자본축적을 체제 내재적 '운동법칙'으로 간주하는 것은 자본축적을 '블랙박스화'하는 '기계론적 사고'의 발로가 아닐 수 없다. 불평등이 자본축적에 의해 유발되는 것만은 아니다. 새로운 아이디어를 먼저 받아들여 이를 사업화한 생산자와 그렇지 않은 생산자 간의 '부와 소득의 사후적 차이'가 불평등인 것이다.

혹자는 피케티뿐만 아니라 모든 성장이론의 전제가 "자본소득 = 자본수익률 × 자본"이기 때문에, 그 이유를 들어 피케티를 비판하는 것은 부당하다는 '반(反)비판'이 제기될 수 있다. 맞는 지적이다. 전통적 성장이론은 "자본소득 = 자본수익률 × 자본"을 정의식(definition) 또는 항등식으로 취급하고 있다. 하지만 피케티는 이 같은 항등식($\alpha \equiv r \times \beta$)을 '자본주의 제1법칙'으로 명명하였다. 그 자체가 작위적이다.

2. '자본분배율 및 불평등 심화' 기제 비판

피케티 제1법칙, 제2법칙을 결합하면 다음과 같이 표기할 수 있다.

$$\alpha = r \times \beta = r \times \left(\frac{K}{Y}\right) \qquad 6)$$

$$\text{where}\ , \ \beta\left(= \frac{K}{Y}\right) = \frac{s}{g},\ r > g$$

피케티 세계에서 자본소득분배율(α)은 자본수익률(r)에 자본/소득 비율$\left(\frac{K}{Y}\right)$을 곱해 얻어진다. 그러면 자본분배율, 즉 '$r \times \left(\frac{K}{Y}\right)$'은 항상 증가하는가? 반드시 그렇지는 않다. 자본분배율은 자본/소득 비율과 자본수익률의 상대적 증가율에 의존한다. 일반적으로 $\left(\frac{K}{Y}\right)$가 증가하면, 즉 자본이 풍부해지면 자본수익률(r)의 값은 떨어진다. 따라서 자본소득분배율의 증감 여부는 7)식과 같이 세 가지 경우로 나누어 생각할 수 있다. 자본소득분배율 값은 상대적 '대체탄력성'에 의존한다. 피케티는 7-1)의 경우를 상정하였다.

$\left(\frac{K}{Y}\right)$의 증가속도가 r의 하락속도보다 빠르면 자본소득분배율은 증가한다 **7-1)**

$\left(\frac{K}{Y}\right)$의 증가속도가 r의 하락속도와 같으면 자본소득분배율은 일정하다 **7-2)**

$\left(\frac{K}{Y}\right)$의 증가속도가 r의 하락속도보다 느리면 자본소득분배율은 감소한다 **7-3)**

피케티는 자본수익률(r)이 항상 경제성장률(g)보다 크다고 보았다.[12] 그렇기 때문에 전쟁 또는 불황 등의 외부적 교란요인이 없으면 '자본/소득 비율'이 높아지게 된다. 이처럼 자본/소득 비율(β)이 증가하지만 자본수익률(γ)이 거의 떨어지지 않아 자본분배율(α)이 증가한다는 것이다. 그리고 자본이 상위 계층에 집중돼 '부의 불평등도'가 심해진다.[13]

피케티는 모형은 저스틴 울퍼스(Justin Wolfers)(2014)가 지적하였듯이 과장(상향편의)되어 있다. '$r > g$'의 관계를 보자. r은 자본수익률로서 자본소득으로 의제될 수 있다. 자본이 소득보다 더 빨리 증가하려면, 노동소득은 존재하지 않아야 하고 모든 자본소득이 재투자되어야 한다. 즉 $\dot{K} = \frac{\left(\frac{dK}{dt}\right)}{K} = r$이 성립해야 한다. 하지만 이 같은 가정이 현실에서 충족되기는 어렵다. 미국에서 가장 큰 자산 유형은 자가소유 주택이다. 자가소유 주택이 가져다주는 자본소득(효용)은 '귀속임대료(imputed rent)'이다. 이 같은 귀속임대료는 소비되며 재투자되지 않는다. 다른 형태의 자본도 감가상각분만큼 재투자되지 않는다. 즉 $r > g$라 할지라도 자본/소득 비율이 그만큼 증가하지 않는다. 따라서 자본/소득 비율이 시간에 따라 단조 증가한다는 피케티 주장은 현실을 과장한 것이다.

피케티의 이론체계에서 저축률 s가 총소득에 대한 저축의 비율인 총저축률(gross saving rate)인지 총소득에서 자본의 감가를 제외한 순소득에 대한 저축의 비율인 순저축률(net saving rate)인지 명확하지 않다. 피케티의 설명이 일관성이 있으려면, 크루셀-스미스(Krusell-Smith)(2014)가 지적한 바와 같이 s는 순저축률이어야 한다. 〈표 2〉는 피케티와 일반성장모형을 비교한 것이다. 균제상태에서의 자본/소득 비율은 피케티의 경우가 일반성장모형보다 더 크다. 저스틴 울퍼스(Justin Wolfers)(2014)가 지적하였듯이 피케티의 자본/소득 비율은 상향편의되어 있다.

〈표 2〉에서 보듯이 피케티 모형의 경우, 저성장이 지속될 때, '자본/소득 비율'이 크게 증가하게 되어 자본소득점유율이 커지는 것으로 되어 있다. 구체적 숫자를 대입하면 성장률이 반 토막 나면 자본/소득 비율이 배가 되며, 자본수익률의 값이 고정될 때, 자본소득분배율도 배로 증가한다. 종국에는 사회적으로 용인될 수 없는 불평등 수준에 도달하게 된다. 하지만 감가상각을 감안하면, 성장률이 반 토막 나더라도 자본/소득 비율은 1.1배 증가하는 데 그친다. 불평등 심화의 연결고리라 할 수 있는 자본/소득 비율이 과장되었음을 다시

	피케티	일반성장모형
가정	순저축률 $I-\delta K=s(Y-\delta K)$	총저축률 $I=sY$
균제(steady state)상태	$\frac{K}{Y^n}=\frac{s}{g}$	$\frac{K}{Y}=\frac{s}{(g+\delta)}$
성장률 반 토막 가정	$\frac{K}{Y}$, 2배 증가	$\frac{K}{Y}$ 1.1배 증가 (가정 $\delta=0.08$)

〈표 2〉 순저축률과 총저축률 비교[14]

한 번 확인할 수 있다.

〈표 2〉에서 보듯이 피케티 모형과 일반성장모형 간에는 감가상각을 취급하는 방식 이외에는 본질적인 차이가 없다. 따라서 피케티 모형에만 비판이 적용되어서는 안 된다는 반(反)비판이 제기될 수 있다. 하지만 일반성장모형은 기본적으로 적정성장을 이루기 위한 거시변수들 간의 관계를 정식화한 것으로, 소득분배 내지 불평등 문제를 분석하지 않는다. 반면 피케티는 '성장모형을 기반으로 불평등 문제'를 분석하고 있다. 피케티 모형은 '분석목적과 분석수단'이 정합적으로 연결되지 않는다는 비판에서 자유로울 수 없다. 또한 일반성장모형에서는 적정성장 조건식이 충족되지 않으면 균형성장 경로에서 이탈하고 성장률이 조정된다. 즉 성장률 변화를 논리적으로 풀어낸다. 하지만 피케티의 세계에서는 성장률 감소가 '가정'으로 처리된다. 예컨대 성장률이 반 토막 나면 '자본/소득(= $\frac{s}{g}$) 비율'이 2배가 되고 일정한 r의 값을 가정할 때 자본소득분배율이 2배가 된다는 식이다. 이는 s와 g가 독립적으로 움직인다는 것이다. 하지만 s와 g는

서로 연계되어 있다.

3. '자본과 부'의 등치 오류

피케티는 '자본(capital)과 부(wealth)'를 등치시키고 있다. 하지만 주지하다시피 부는 생산요소가 아니다. 따라서 그는 '범주의 오류'를 범하고 있다. 피케티는 "부(wealth)는 두 가지 경로를 통해 축적된다. 하나는 세습에 의해, 다른 하나는 소득에 의해서다. 부는 내구재 소비 등에 지출되거나 자본형태로 재(再)투자된다"라고 기술하고 있다. 이 같은 논리에 따르면 부는 자본을 포괄하는 광의의 개념이다. 한편 피케티는 "자본(capital)은 은행예금, 실물자산, 금융자산 등 다양한 형태를 띠며, 모든 자본자산(capital asset)은 투자수익률을 가진다"라고 기술하고 있다. 여기서 자본자산은 토지와 노동 같은 '본원적 생산요소'가 아닌 '인공적으로 만들어진 생산요소'로서의 자본을 의미한다.

자본은 신규로 기업을 설립하거나 또는 이미 설립된 기업이 규모를 확장할 때 투입된다. 따라서 자본은 "경제성장의 사전 조건이자 중요한 동인(important precondition and driver of economic growth)"이다. 피케티는 자본의 역동성, 즉 '축적과 집중'의 속성을 강조해 '동태적 자본(dynamic capital)'이라고 불렀다. 그리고 그는 이 같은 자본이 소수에 집중되면 불평등 문제를 피할 수 없다고 봤다. 피케티는 자본주의 사회에 내재된 자본축적 성향이 그 같은 불평등을 가져오는 것으로 인식하고 있다.[15]

피케티의 제2법칙에서의 '자본/소득 비율(capital/income ratio)'을 보면, 이때 자본은 생산요소로서의 자본이 아닌 민간보유 순자산(private capital)이다. 즉 부채를 제외한 순자산으로서의 부를 의미한다. 그는 최근 선진국의 자본/소득 비율이 5~6배에 이른다고 적시(摘示)하고 있다. 구체적으로 미국, 일본, 유럽연합(EU) 등 선진국의 1인당 소득은 3만~3.5만 유로이고 부채를 제외한 1인당 순자산은 15만~20만 유로에 이르기 때문이란다. 자본/소득 비율에서 피케티는 자본을 민간부문의 순부(net worth)와 동일시하고 있다. 그렇기 때문에, 자본/소득 비율이 높게 나타나고 또 불평등이 심하게 나타나는 것이다.

4. '소득창출 vs 소득분배'에 대한 이해 부족

그는 분배를 '제로섬 게임(zero-sum game)'으로 보고 있다. 점유율 개념 자체가 100%를 상한으로 하기 때문이다. 또한 '소득창출과 분배의 관계'에서 분배가 독립변수일 수 없다. 생산된 것을 나누는 것이기 때문이다. 물론 나누는 양태가 생산에 영향을 줄 수는 있지만 이는 '환류효과(feed back)'에 지나지 않는다. 국민소득(GDP)은 말 그대로 '부가가치'의 합이다. 이처럼 국민소득은 있는 것을 나누는 것이 아니기 때문에 경제가 성장하면 '정합게임(positive-sum game)' 상황이 된다. 예컨대 김 서방이 돈을 벌어 최 서방이 돈을 못 번 것이 아니다. 따라서 다른 계층의 희생 없이 전체 계층의 절대적 자원의 크기가 동시에 증가할 수 있다. 물론 특정 계층의 '소득점유율'이 높아져 결과적으로 다른 계층의 점유율이 떨어질 수 있다. 이는 '점유율의 합'이 일종의 '상한(cap)'으로 작용한 것이기 때문에 불가피하게 나타난 현상이다. 소득점유율이 낮아졌다고 그 계층의 삶의 질이 낮아진 것은 아니다. 절대적으로 소득수준이 낮아진 것이 아니기 때문이다.

정책적으로 관심을 가져야 할 사항은 '빈곤문제'이다. 사회 구성원의 '소득분포 구조'가 정책목표가 될 수는 없다. 그러기 위해서는 '적정한 불평등'을 사전에 상정할 수 있어야 한다. 소득분배의 문제를 빈곤의 문제로 좁히면 정책접근은 그만큼 명료하고 용이해진다. 사회정책으로서의 '사회적 안전망' 구축이 잘 알려진 대안이다. 소득불평등은 사회적 긴장을 자아 낼 수 있다. 하지만 소득은 상당 정도 '운과 선천적 자질'에 의존한다. 이들 변수는 정책당국이 통제할 수 있는 변수가 아니다. 따라서 결과적 불평등에 대해 '정의롭다 아니다'를 평가하는 자체가 문제이다. 그리고 '설명될 수 있는 차이'는 문제의 소지가 없다.[16] 문제의 본질은 '불평등'이 아닌 '불공정'이다. 불공정은 제도적 차원의 문제로 비교적 용이하게 해소할 수 있다.

계층별 소득분배는 논리적으로 '추적조사'에 기초해야 한다. 특정 시점의 상위 1% 구성원은 늘 바뀐다. 따라서 계층별 소득분배가 구조적으로 악화되고 있다는 것을 밝히려면, "특정 소득구간 내의 가구를 고정하고" 이를 추적조사해야 한다. 이 같은 추적조사가 불가능하다면, 불평등 여부를 판단하는 데 신중해야 한다. 상위 10% 소득계층에 속한 가구를 보면 생애소득이 가장 높은 가구가 포함될 개연성이 높다. 이제 막 노동시장에 들어온 청년세대와 은퇴세대의 소득이 낮은 것은 당연하다. 설명 가능한 차이를 불평등으로 몰고 가서는 안 된다. 그리고 소득구간 간의 이동은 바람직한 현상이기도 하다.[17] 잘 사는 가구가 가난해질 수 있고, 가난한 가구가 잘 살 수 있다. 소득점유율을 이용한 설명은 이 같은 동태적 효율성을 설명할 수 없다. 이 같은 현상은 기업세계를 보면 더욱 뚜렷해진다. IMF 외환위기 당시의 30대 재벌기업 리스트를 현재 30대 리스트와 비교해 보면, 시장의 역동성을 읽을 수 있다.

5. 인적자본 배제

마르크스의 『자본』이나 피케티의 『21세기 자본』은 노동과 자본의 대립구도로 짜여 있다. 마르크스는 자본가가 노동을 착취한다고 보았고, 피케티는 자본축적으로 불평등이 심화된다고 보았다. 피케티 세계에서도 암묵적으로 노동계층의 소득점유율은 감소할 수밖에 없는 구조이다.

하지만 노동과 자본은 반드시 대립적이지 않다. 예컨대 현대자동차 생산직 근로자의 임금이 높은 것은, 노동자 1명이 1년 동안 생산한 자동차 대수가 과거에 비해 많아져서이다. 이 같은 노동생산성의 증가는 결정적으로 노동장비율, 즉 '시설과 장치'의 고도화에서 비롯된 것이다. 이처럼 자본투자가 노동생산성을 높인다면 자본소지자와 노동자는 굳이 갈등적일 이유는 없다. 자본가 계층이 노동자 계층의 실질 임금이 올라가도록 도운 것이기 때문이다.

피케티 주장의 핵심은 자본축적에 따른 자본소득점유율 증가를 통한 불평등 심화이다. 그만큼 피케티의 자본주의 전망은 우울하다.

하지만 자본과 노동은 정확하게 분리되지 않는다. 즉 자본만 그리고 노동만 소유한 가구를 상정한다는 것은, 계급적 사고에 젖지 않고서는 생각할 수 없는 일이다. 더욱이 기업이 '증권화'되어 거래되는 현대사회에서 자본소득이 자본가에게만 귀속되는 것으로 본다면 이는 억지가 아닐 수 없다. 피케티는 자본을 물적자본으로 한정함으로써 '인적자본(human capital)' 개념이 간과되었다. 그는 자본에서 노동을 완전히 분리시켰다.

장기 시계열적으로 자본/노동 비율(β)을 표시한 〈Figure 1.2〉로 돌아가 보자. 1870년~1910년까지의 자본/소득 비율이 높은 이유는 무엇인가? 이는 자본스톡이 커서라기보다 소득이 작아서일 것이다. 시장이 제대로 발전하지 못했기 때문에 소득이 작았을 것이다. 그리고 생산수단으로서의 자본은 소수의 귀족계층에게 부존되었을 것이다. 자본/소득 비율이 높다는 것은 자본계수가 높다는 말과 동일하다. 이는 자본생산성이 낮다는 말이기도 하다. 따라서 1910년부터 1970년까지 자본/소득 비율이 낮아진 것은, 자본의 생산성(소득증가)이 높아졌기 때문이다. 그리고 1970년 이후 자본/소득 비율이 높아진 것은 자본축적이 심화되면서 자본의 생산성이 예전의 값을 갖지 못하기 때문인 것으로 판단된다. 자본수익률이 궁극적으로 자본생산성에 의존한다면, 자본소득점유율이 점차 증가할 것이란 피케티의 예측이 그리 설득력 있게 들리지 않는다.

Chapter 5

성장과 소득분배 양태

피케티가 분석하고자 한 것은 '자본집중과 그에 따른 불평등 심화' 현상이었다. 그는 '자본/소득 비율' 증가로 자본집중을, 특정 소득계층, 예컨대 상위 1% 소득계층의 '소득점유율'로 불평등 정도를 포착해 양자관계를 분석했다. 따라서 그의 분석에는 '경제성장률'에 대한 명시적 고려가 생략되어 있다. 저축률(s)이 고정된 상황에서 경제성장률(g)이 떨어지면 자본/소득 비율(β)을 높여 불평등을 심화시키는 것으로 간접적으로 유추할 수 있을 뿐이다. 따라서 경제성장과 소득분배의 관계를 정확히 살펴볼 필요가 있다.

경제성장과 소득분배의 양태를 우리나라를 중심으로 살펴본다. 〈그림 2〉는 실질경제성장률과 '시장소득'을 기준으로 측정한 지니계수의 관계를 그림으로 나타낸 것이다.[18] 20년간 소득분배는 추세적으로 악화되었지만 그 안에는 경제성장률에 따라 "소득분배가 급격

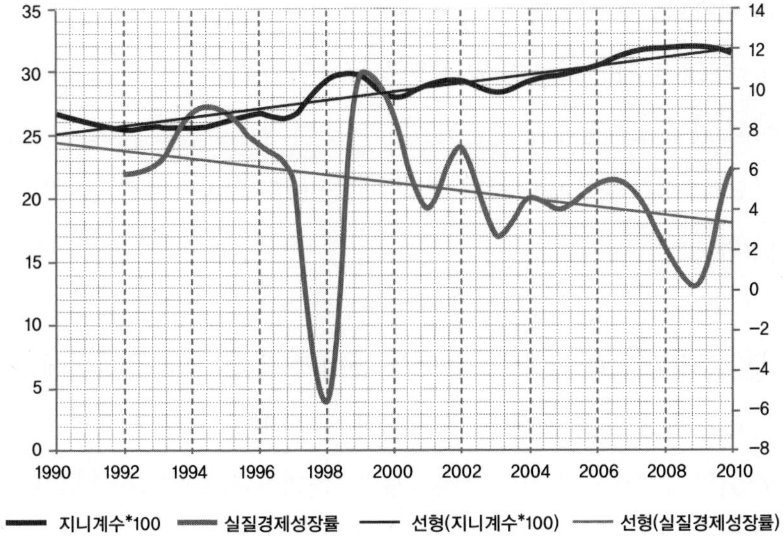

〈그림 2〉 경제성장률과 시장소득기준 지니계수 추이

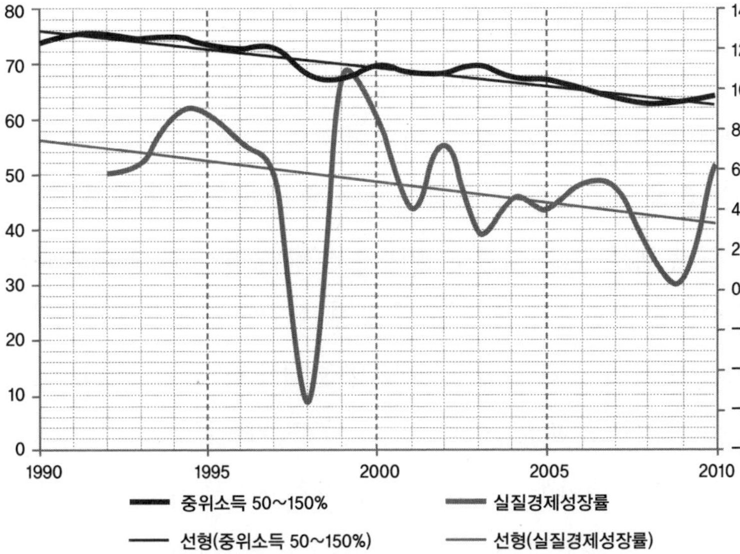

〈그림 3〉 경제성장률과 시장소득기준 중산층 비중 추이

히 개악되고 개선되는" 작은 파동이 존재하고 있음을 알 수 있다. 구체적으로 IMF 외환위기와 글로벌 금융위기 이후 경기회복기에는 예외 없이 소득분배가 개선되었다. 이로써 장기적으로 그리고 단기적으로 "성장률이 떨어지면 소득분배는 예외 없이 악화됨"을 알 수 있다.

〈그림 3〉은 실질경제성장률과 중산층 비중의 관계를 표시한 것이다. 〈그림 3〉에 의하면, 경제성장률이 추세적으로 감소하면서 중산층(중위소득의 50~150% 사이의 소득가구)의 비중도 추세적으로 감소함을 알 수 있다. 그러나 '반전(反轉)'도 존재한다. 1998년부터 2000년까지 그리고 2008년부터 2010년까지 중산층의 비중이 일정 부분 회복됐음을 알 수 있다. 이는 전술한 바와 같이, IMF 외환위기와 미국발(發) 글로벌 금융위기를 나름대로 수습하고 상대적으로 높은 성장률을 실현했기 때문이다.

〈그림 2〉, 〈그림 3〉에서 보듯이 경제성장과 분배는 반대 방향으로 움직임을 알 수 있다. 성장률이 추세적으로 하락할 때, 지니계수와 중산층 비중으로 계측한 분배는 악화된다. 하지만 추세적 관계에서 '작은 반대 방향'으로의 작은 파동이 존재함을 알 수 있다. '국지적'으로 성장률이 올라갈수록 분배가 개선되는 것을 확인할 수 있다. 여전히 경제성장이 최선의 분배 대책임을 재차 확인할 수 있다.

〈그림 4〉는 경제성장률과 '시장소득' 및 '가처분소득' 기준으로 중산층 비중의 추이를 표시한 것이다. 가처분 소득을 기준으로 한 중산층 비중은 시장소득을 기준으로 한 중산층 비중보다 높게 나타나고 있다. 이는 정부의 복지 프로그램 시행에 의한 소득재분배 효과

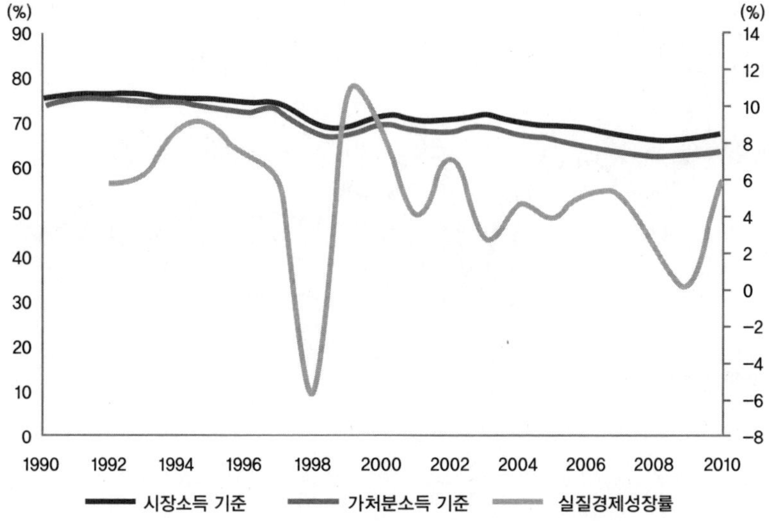

〈그림 4〉 경제성장률과 시장소득 및 가처분소득 기준 중산층 비중 추이

에 기인한다. 이러한 재분배 효과는 2000년 들어 가시화되고 있다. 연도를 통제할 때 시장소득 및 가처분 소득 기준 '중산층 비중의 차이'가 2000년 들어 점차 커지고 있음을 알 수 있다.

그러면 경제성장을 어떻게 관리할 것인가? 〈그림 5〉는 실질경제성장률과 실질투자증가율의 추세를 표시한 것이다. 〈그림 5〉에서 보듯이 경제성장률과 투자증가율은 정확히 동행하고 있음을 알 수 있다. 성장률을 관리하기 위해서는 기업의 활발한 투자가 필수 불가결하다. 최근의 '저성장의 구조화' 조짐은 바로 투자부진에서 비롯된 것이다. 〈그림 5〉에서 보듯이 투자추세선은 2010년에 가로축을 끊고 지나감을 알 수 있다. 결국 "투자활성화, 성장률제고, 분배개선, 성장여력 비축"의 선순환구조를 다시 한 번 확인할 수 있다.

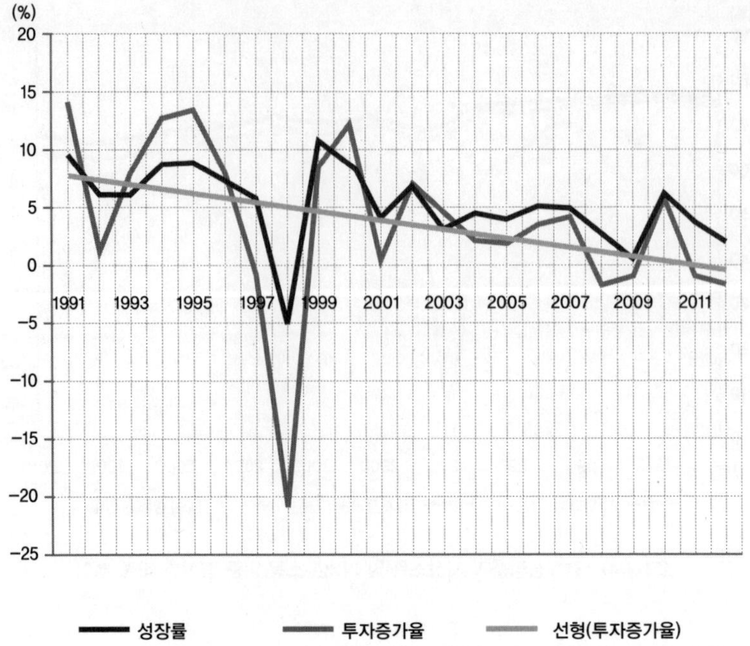

〈그림 5〉 실질경제성장률과 실질투자증가율 추이

Chapter 6

맺음말 :
피케티의 국가주의적 정책 제언

피케티는 지구 곳곳에 대해 시계열적으로 300년간에 걸친 방대한 자료를 분석했기 때문에 자신의 '문명사적 경제관'에 대해 과신하는 듯하다. 그러나 통계처리 오류에 대한 시비가 끊이지 않고 있다. 이를 차치하더라도, 그의 결론이 지나치게 상식적임을 부정할 수 없다. 예컨대 전쟁으로 인한 파괴와 불황 그리고 높은 조세부과가 불평등을 완화했다는 식의 해석이 그 전형이다.[19] 이 같은 주장에 충실하면 "평등한 사회를 만들기 위해서는 불황과 전쟁과 약탈적 세금이 필요하다"는 주장밖에 나오지 않는다. 피케티는 불평등의 심화를 막기 위해, 최고소득구간에 대해 '80%'의 소득세율을 부과하고 국가 간 과세자료 공유를 통해 높은 세율의 자본과세를 하자고 제안한다. 하지만 그러한 조치는 '부'를 파괴하는 것이다.

자본주의에 불평등을 막을 내재적 장치가 없다는 그의 비관적 전망은 그의 이론체계에 결함이 존재함을 시사한다. 그는 자본축적을 하나의 '운동법칙'으로 간주하고, 자본축적은 필연적으로 불평등을 심화시킨다고 주장하고 있다. 이 같은 주장은 직관에 의존한 것으로 이론에 의해 충분히 뒷받침되고 있다고 보기 어렵다. 우선 그의 이론체계는 정합적이지 않다. '항등식'과 '관찰되는 현상'을 그는 제1법칙, 제3법칙으로 등치시키고 있다. 그리고 장기적으로 '자본/소득 비율'을 결정하는 데 원용되는 제2법칙은 항상 성립하는 것이 아닌 '일정한 조건'에서만 충족되는 방정식인 것이다. 상론할 겨를은 없지만, 약술하면 제2기본법칙은 균형에서 이탈되면 회복이 불가능한 '면도날 균형'인 것이다.[20] 따라서 항등식(제1법칙)과 현상(제3법칙) 그리고 면도날 균형조건식(제2법칙)으로 구성된 그의 논리체계는 태생적으로 정합적일 수 없다. 바꿔 말하면 자본축적이 왜 불평등을 심화시키는지를 이론적 틀에서 인과관계로 설명하지 못하고 있다.

자본축적이 반드시 불평등심화를 가져오는 직접적 요인일 수는 없다. 최근의 불평등의 심화는 인구 노령화와 세계화 그리고 지식사회화에 의해 추동된 측면이 강하다. 노령화가 진행될수록 소득분배는 악화될 수밖에 없다. 세계화로 시장이 넓어지면서 부와 소득의 쏠림현상이 가속화된다. 그리고 지식기반사회로 이행하면서 '디지털 디바이드(digital divide)'로 인한 소득격차도 불평등 확대를 야기하고 있다. 이 같은 과정에서 자본축적이 이루어졌을 수 있다. 그렇다고 자본축적이 불평등을 심화시켰다고 해석해서는 설득력이 없다. 또한 피케티는 자본을 부 또는 자산의 합계로 등치시킴으로써 자본의 크기와 축적속도가 과대평가되는 오류를 범하고 있다.

경제성장은 동태적 과정이며, 불평등을 수반한다. 이는 기술혁신 자체가 일종의 외부충격이며 기업가정신도 '깨어 있는 경각심'으로 소수에게만 부존된 희소자원이기 때문이다. 성장은 긴 시간으로 볼 때, 불균등(불평등)을 수반한다. 하지만 평균적으로 모든 계층의 절대적인 소득수준과 '삶의 질'이 개선된다. 불균등을 인정하지 않는 것은 성장의 엔진을 제거하는 것이다. 최고소득계층과 최저소득계층의 괴리에 초점을 두는 것은 '증오'를 부를 위험이 있다. 형평과 평등을 강조해 온 사회주의 실험이 왜 실패했는가를 반추해야 한다. 성장페달을 밟되, 빈곤계층에 대해 사회안전망을 구축하는 것이 가장 좋은 정책조합이다.

문명사적 조망이 이론체계를 구축하는 뼈대가 될 수는 없다. 피케티 연구는 "이론적 토대가 결여된 방대한 귀납적 실증분석"으로 보는 것이 정확할 것이다. 지지자가 많다고 과학적 진리가 되는 것은 아니다. 사전에 방향성을 가진 '방대한 증거'에 의한 논증은 어떤 의미를 가질 수 있을까? '목적에 이끌린 연구'가 아닌가 싶다.

참고문헌

Branson, William H., *Macroeconomic Theory and Policy*, 2nd edition, Harper & Row, Publishers, 1979.

Grubel, Herbert, "What Piketty Misses", Atlasone. 2014. http://atlasone.org/2014/05/23/what-piketty-misses/

Kirzner, Israel, *Competition and Entrepreneurship*, Liberty. 1973.

Krusell Per and Tony Smith, "Is Piketty's "Second Law of Capitalism" Fundamental?" mimeo. 2014.

Piketty, Thomas, *Capital in the Twenty-First Century*, The Belknap Press of Harvard University Press, Cambridge: Massachusetts. 2014.

Ray, Debraj, "Nit-Piketty; A Comment on Thomas Piketty's Capital in the Twenty First Century," mimeo. 2014.

Wolfers, Justin, "Inequality and Growth", mimeo, The Brookings Institution and University of Michigan, 2014.

주

1. 블룸버그(Bloomberg) 자료에 의하면, 부실기관 구제금융제도(TARP)의 지원을 받은 8대 금융기관의 지원액은 기관당 평균 266억 달러였다. 글로벌 금융위기가 촉발된 2008년의 이들 금융기관 CEO의 평균보수는 2,070만 달러로, CEO의 평균 보수액이 가장 높았던 2007년 2,740만 달러와 비교해 크게 차이가 나지 않는다. 8대 금융기관 중 씨티그룹(Citigroup), 어메리칸 인터내셔널 그룹(American International Group), JP 모건 체이스(JP Morgan Chase)는 오히려 CEO 보수가 증가했다. 글로벌 금융위기 직후 치러진 대통령 선거에서 민주당 후보였던 오바마(Barack H. Obama) 대통령은 부부합산 기준으로 25만 달러이상의 가구에 대해 증세를 공약했다. 가구소득이 25만 달러면 고소득자란 이야기다. 경영에 실패한 금융기관 CEO에 지급된 보수는 천문학적 숫자였다.

2. 이는 "자본수익률이 종국적으로 영(零)으로 줄어들어 자본주의가 멸망한다."는 마르크스의 『자본』을 뒤집은 것이다.

3. the53.tumblr.com

4. 민간자본은 부동산, 금융자산, 각종 기계 장치의 가치에서 부채를 공제한 순자산을 나타낸다.

5. *r*은 이윤, 배당, 이자, 지대 그리고 기타 자본소득을 포함한 자본(capital including profits, dividends, interest, rents and other income from capital)의 수익률을 의미한다.

6. 피케티는 불평등의 수렴 및 확산동인(forces of convergence and forces of divergence) 중 후자의 힘이 2010년 이후 더욱 커질 것으로 예측하고 있다.

7. 해로드는 고정계수 생산함수를 피케티는 요소 간 대체가 가능한 일반적 생산함수를 상정하고 있다. 하지만 이는 본질적인 차이가 아니다.

8. 동태적 효율성(dynamic efficiency)을 충족시키기 위해 성장률에 제약을 가한 것이 "Phelps-Koopmans 정리다. 동(同) 정리는 $r \geq g$로 압축된다. 최소한 경제성장률(g) 이상의 자본수익률(r)이 되어야 소비가 가능하다.

9. D. Ray(2014. 5) 참조. The fact that exceeds *r* explains *g* nothing about the rise in inequality.

10. 내가 몸값을 가진 것은 현재 내가 소득을 올리기 때문이다. 즉 몸값으로 인해 내가 현재 소득을 올리는 것이 아니다. 소득을 올리지 못하면 내 몸 값은 영(零)이 된다.

11. http://online.wsj.com/news/interactive/GROWTH0616

12. $r > g$ 자체가 불평등 기제이며, 이는 시장의 불완전성과는 무관하다는 것이다. 즉 구조적으로 불평등이 심화될 수밖에 없기 때문에 체제 유지를 위해서라도 자본과세를 강화해 불평등을 완화시켜야 한다는 것이다.

13. 저성장 시대가 도래되면서 자본스톡 증가는 주로 상속에 의해 이루어진다. 개인의 소질이나 노력의 결과로 인한 부의 불평등은 정당화될 수 있고 부도덕하지 않지만 세습자본에 의한 부의 불평등은 부도덕하다. 성장률이 낮을수록 세습에 의한 자본 축적이 주류를 이룰수록 자본은 상위 계층에 집중되고 불평등도가 심화한다는 것이다. 피케티는 자본주의의 비관적 전망에 대해 안타까움을 표시하고 있다. 그리고 그는 곳곳에서 자본주의 체제에 대해

친화적 언급을 하고 있다. 그를 좌파경제학자로 봐서는 안 된다는 주장이 일기도 한다. 하지만 그의 자본주의에 대한 처방은 사적소유를 사실상 부정하는 사회주의적이다.

14. Krusell and Smith(2014).

15. "natural tendencies operating within capitalistic society."

16. 이 점에 있어서는 피케티도 동의하고 있다. 사회적 차이는 '임의적 우연적(arbitrary and contingencies) 요소'가 아닌 '합리적이고 일반적인 원칙(rational and universal principles)'에 근거해야 한다. 불평등은 '정당하고 모든 이에게 유용(just and useful to all)'해야 한다.

17. 캐나다의 소득계층 간 인구이동은 극적이다. 1990년 최하위 20% 소득계층에 속한 100명 중 87명이 19년 후에는 상위계층으로 이동했고, 그중 21명은 최상위 20% 계층으로 이동했다. 반대 방향으로의 이동도 상당하다. 1990년 최상위 20% 소득계층에 속한 100명 중 36명이 19년 뒤에 하위 소득계층으로 이동했다(http://atlasone.org/2014/05/23/what-piketty-misses/ 참조).

18. 〈그림 2〉는 '도시(2인 이상 비농가)'에 기초하고 있다. '전국(1인 및 농가포함)' 소득분배 지표가 현실을 정확히 반영하겠지만, 2006년부터 통계가 작성돼 시계열을 확보할 수 없어 차선으로 '도시(2인 이상 비농가)' 자료를 이용했다.

19. 대공황과 제2차 세계대전은 불평등을 완화시켰다. 전쟁으로 인한 파괴, 대공황으로 인한 도산, 임대료 통제와 그로 인한 주택임대업자 안락사(euthanasia), 국유화, 인플레이션, 이러한 요인들이 민간자본(private capital)을 감소시켜, 자본/소득 비율을 낮추었다고 피케티는 주장하고 있다. 자본소득점유율이 낮아짐으로써 불평등을 낮추었다고 기술하고 있다.

20. 노동증가율이 주어졌을 때 완전고용을 위해 요구되는 성장률(자연성장률)과 실물시장에서 자본설비의 완전 가동을 위해 요구되는 성장률(적정성장률)이 일치해야 한다.

부록 –1

피케티 제2법칙은 항상 성립하지 않는다. 이는 '해로드–도마' 모형과 연결해 분석하면 명료하다. 해로드–도마 모형은 경제의 장기적 성장경로를 분석한 것이다. 동모형에서 생산함수는 고정계수(레온티에프) 생산함수를 가정한다.

$$Y = Min\left[\frac{N}{b}, \frac{K}{\beta}\right] \quad 1)$$

where b와 β는 노동계수, 자본계수로 "$b = \frac{N}{Y}$, $\beta = \frac{K}{Y}$"

저축(S)은 산출량(Y)의 일정 비율로 나타나고, 소비(C)는 저축하고 남은 부분이다. 그리고 인구증가율은 외생적으로 결정된다.

$$S_t = s \times Y_t \quad 2)$$

$$C_t = (1 - s) \times Y_t \quad 3)$$

$$n = \frac{\left(\frac{dN}{dt}\right)}{N} \quad 4)$$

노동증가율이 n일 때 경제가 완전고용을 유지하면서 성장하기 위해서는 경제성장률이 노동증가율(=인구증가율)과 같아야 한다(4식). 이처럼 완전고용을 보장하는 성장률을 '자연성장률'이라고 한다. 한편 실물시장에서 자본설비가 완전 가동되려면 '증가된 자본설비'가 완전 가동되도록 경제성장이 뒷받침돼야 한다. 즉 경제성장률이 자본증가율과 일치해야 한다. 이를 '적정성장률'이라고 한다.

$$\frac{\left(\frac{dK}{dt}\right)}{K} = \frac{I}{K} = s \times \frac{Y}{K} = \frac{s}{\left(\frac{K}{Y}\right)} = \frac{s}{\beta} \qquad 5)$$

완전고용상태에서 안정 성장은 자연성장률과 적정성장률이 일치하는 수준에서 결정된다.

$$n = \frac{s}{\beta} \qquad 6)$$

6)식에서 균형에서 이탈되면 회복이 불가능한데, 인구증가율(n)과 자본계수, 저축률 모두 다른 요인들에 의해 외생적으로 결정되기 때문이다.

6)식을 피케티의 언어로 다시 표현하면 7-1)식이 된다. 따라서 피케티의 제2법칙은 모든 곳에서 그리고 모든 시점에서 항상 성립하는 것은 아니다.

$$g(=n) = \frac{s}{\beta} \qquad 7)$$

$$\beta = \frac{s}{g} \qquad 7\text{-}1)$$

부록-2 『월 스트리트 저널』이 분석한 미국의 성장동인

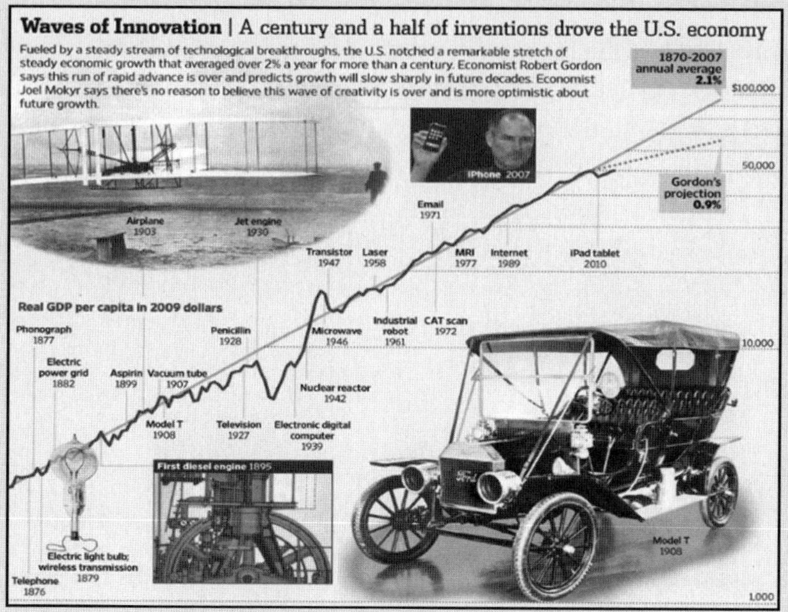

Part 5

『21세기 자본』의 오류와 한국의 소득분배[1]

오정근 (한국경제연구원 초빙연구위원)

Chapter 1

『21세기 자본』의 주요 내용

『21세기 자본』은 프랑스 경제학자 피케티가 미국과 유럽의 소득분배 구조가 1950년경부터 1970년대까지는 안정적인 수준을 유지해오다 1980년대 이후 악화되기 시작해 그 추세가 21세기 중에도 지속될 것으로 전망되는 가운데 그 악화 원인을 분석하고 대책을 제시한 정치경제학 저술이다.

피케티는 1971년 파리 근교에서 태어나 18세에 프랑스 명문대학 중 하나인 고등사범학교(ENS, École Normale Supérieure)에 입학해 수학과 경제학을 수학한 후 22세 때인 1993년에 "부의 분배(Wealth Distribution)"라는 논문으로 프랑스 고등사회과학원(EHESS, École des Hautes Études en Sciences Sociales)과 영국 런던정경대학(LSE, London School of Economics)에서 경제학 박사학위를 받았다. 1993년부터 1995년까지 미국 MIT대의 조교수로 재직한 후 1995년 고국으로 돌아와 프랑스과학연구센터(CNRS, Centre National de la Recherche Scientifique) 연구원(1995~1999)을 지낸 후 고등사회과학원 교수(2000~현재)와 파리경제대학(PSE, Paris School of Economics) 교수(2006~현재)로 재직 중이다. 2002년에는 프랑스 최우수 젊은 경제학자상을 수상하고 2013년에는 핀란드 얀손재단(Yrjö Jahnsson Foundation)과 유럽경제학회가 유럽의 45세 이하 우수 경제학자에게 수여하는 얀손상(Yrjö Jahnsson Award)을 수상하기도 했다.

2006년 대선 중에는 사회당 대통령 후보 자문관을 지내기도 하고 2012년 대선 중에는 42명의 동료학자들과 함께 사회당 올랑드 후보를 지지하는 공개서한을 발표하기도 하는 등 사회주의 경제정책 실현을 위해 적극적으로 참여하고 행동해 오고 있는 소장 정치경제학자다. 그는 『21세기 자본』에서도 "세금이 투명하게 걷히고 효율적으로 쓰이기만 한다면 교육, 보건, 은퇴생활 등 사회적 국가(social state)의 실현을 위해 국민소득의 2/3 또는 3/4을 세금으로 거두지 못할 이유가 없으며" "세금은 그 자체는 선도 악도 아니고 어떻게 거두고 어디에 사용되는가가 중요하다"고 주장하고 있는 사회주의 경제학자다(Piketty, 2014, p.481).

2008년 글로벌 금융위기 이후 더욱 악화되고 있는 소득분배가 큰 정치사회적 문제로 대두되고 있는 가운데 미국과 유럽의 소득분배 문제를 1700년대에서 2012년에 이르는 방대한 통계자료를 이용해 분석한 다음 악화일로의 소득분배 문제에 대한 처방으로 상위 소득이나 자산구간에 대해서는 그 자신이 '몰수적(confiscatory)'이라고 표현한 고율의 한계세율을 포함한 누진적 소득세와 자본세를 부과해야 한다는 요지의『21세기 자본』이 출간되어 커다란 반향을 불러일으키고 있다.

『21세기 자본』의 주요 내용은 다음의 세 가지다. 첫째는 자본주의에서 소득분배는 국민소득 중에서 자본가에게 돌아가는 몫인 자본소득분배율(α) = 자본수익률(r) × 자본/소득 비율(β)이라는 제1 근본법칙에 의해 결정된다. 둘째는 제1 근본법칙의 중요 변수인 자본/소득 비율(β)은 자본/소득 비율(β) = 저축률(s)/성장률(g) 비율이라는 제2 근본법칙에 의해 결정된다. 그런데 인구증가율이 낮아지고 있으므로 성장률도 낮아질 것으로 전망되는데 저축률은 안정적이므로 자본/소득 비율은 증가해 소득분배구조가 앞으로 지속적으로 악화될 것이라는 주장이다. 피케티는 이런 그의 주장을 합리화하기 위해 1700년대~2012년에 이르는 방대한 통계 자료를 인용하고 있다.

결국 이처럼 악화일로가 전망되는 소득분배 구조를 개선하지 않으면 소득집중도가 심화되고 특히 자본집중도는 더욱 심화되어 자본주의는 자산 중에서 상속자산 비율이 증가하는 중세와 같은 세습자본주의(patrimonial capitalism)로 가게 될 것으로 전망하고 이를 방지하는 동시에 교육, 보건, 복지 등 사회적 국가(social state) 실현을 위해 필요한 재원을 조달하기 위해서는 고율의 누진소득세와 누진자본세를 부과해야 한다고 주장하고 있다.

누진소득세의 경우에는 상위 0.5~1% 고소득계층에 대해서는 한계세율이 80~90%에 이르는 고율의 몰수적 누진소득세, 상위 5~10% 소득계층에 대해서는 50~60%의 몰수적이지는 않지만 고율의 누진소득세를 부과하자고 주장하고 있다. 미국의 경우 연소득

20만 달러(2억 2,000만 원) 이상인 경우 50~60%, 50만 달러(5억 5,000만 원)~100만 달러(11억 원)에 대해서는 80% 정도의 누진소득세를 부과해도 미국 경제성장에 부담이 되지 않을 것이라고 제안하고 있다. 올랑드가 프랑스 대통령에 당선된 후 도입하려고 하다 헌법재판소로부터 위헌 판결을 받은 75% 부유세 안도 이러한 피케티의 영향이 컸던 것으로 보인다. 그러나 이 정도의 누진적인 소득세만으로는 금세기에 들어 점차 심화되고 세계화되어 가는 자본집중과 세습자본주의를 통제할 수 없으므로 새로운 수단이 필요한데 그것이 글로벌 누진 자본세라고 주장하고 있다.

자본소득세에 대해서는 먼저 부과대상을 예금, 주식, 채권, 파트너십(partnership), 그리고 상장·비상장회사에 대한 참여 지분 등 모든 금융자산과 부동산 등 비금융자산에서 부채를 제외한 순자산을 시장가치로 평가한 개인순자산으로 하고, 여기에 예를 들어 20만 유로(2억 7,600만 원) 이하는 0~0.1%, 20만~100만 유로(13억 8,000만 원)는 0.5%(13억 8,000만 원인 경우 690만 원), 100만~500만 유로(69억 원)는 1%(69억 원인 경우 6,900만 원), 500만 유로 이상은 2%, 10억 유로(1조 3,800억 원) 이상은 5~10%(1조 3,800억 원인 경우 1,380억 원)를 부과하는 등 상당히 급진적인 누진적 자본세를 부과할 수도 있을 것이라고 제안하고 있다. 이렇게 자본에 고율의 누진적인 세금을 부과하되 일부 국가만 할 경우에는 자본의 해외도피가 우려되므로 국제적인 협조와 합의하에 글로벌 누진자본세를 부과하자는 현재의 세계 현실과는 거리가 먼 이상적인 주장을 하고 있다.

Chapter 2

『21세기 자본』의 오류

1. 자본주의 제1 근본법칙의 오류

(1) 자본주의 제1 근본법칙

피케티는 자본주의 제1 근본법칙을 다음과 같이 정의하고 있다 (Piketty 2014, p.52).

$$\text{자본소득분배율}(\alpha) = \text{자본수익률}(r) \times \text{자본/소득 비율}(\beta)$$

이는 단순한 항등식으로서 만약 자본/소득 비율(β)이 600%이고 자본수익률(r)이 5%이면 자본소득분배율(α)은 30%가 된다는 것이다. 여기서 자본수익률은 이윤, 지대, 배당, 이자, 로열티, 자본소득을 포함하는 총자본수익률(gross rate of profit)이다(Piketty 2014, p.52). 따라서 만약 자본수익률이 크게 변하지 않는 경우에 자본/소득 비율(β)이 상승하면 자본소득분배율(α)이 증가해서 소득분배가 자본가에게 유리하게 악화된다고 주장하고 있다. 예를 들어 자본수익률(r)이 5% 그대로인데 자본/소득 비율(β)이 800%로 상승하면 자본소득분배율(α)은 40%가 되어 소득분배구조가 악화된다는 것이다.

(2) 자본주의 제1 근본법칙의 오류

피케티의 자본주의 제1 근본법칙의 첫 번째 문제는 자본/소득 비율(β)과 자본수익률(r) 간의 관계가 독립적이지 않다는 점이다. 즉 자본/소득 비율(β)이 자본수익률(r)에 영향을 미칠 수도 있다는 점이다. 신고전학파에서는 자본의 한계수익률이 자본이 증가할수록 체감하므로 자본/소득 비율(β)과 자본수익률(r) 간에는 부의 관계가 존재한다고 주장한다. 칼도어(Kaldor, 1956) 로빈슨(Robinson, 1956, 1962) 등 후기케인스학파(Post-Keynesian)에서는 언제나 자본수익률(r)과 자본/소득 비율(β) 간에는 부의 관계가 존재한다고 주장하고 있다.[2]

피케티도 이 부분을 인정하고 있다(Piketty 2014, p.215). 다만 그는 자본수익률(r) 하락 정도가 자본/소득 비율(β) 증가분보다 적기 때문에 역사적으로 자본소득분배율(α)은 높아지고 있다고 주장하고 있다(Piketty 2014, p.233).

2. 자본주의 제2 근본법칙의 오류

(1) 자본주의 제2 근본법칙

피케티가 불평등을 심화시키는 근본적인 원인으로 제시하고 있는 자본주의 제2 근본법칙은 다음과 같다(Piketty 2014 p.166).

$$\frac{\text{자본}}{\text{소득}}(\beta) = \frac{\text{저축률(s)}}{\text{성장률(g)}}$$

여기서 국민소득에 대한 저축의 비율, 즉 저축률이 일정할 경우 성장률이 낮아질수록 국민소득에서 자본의 비율인 자본/소득 비율(β) 높아지게 된다. 이것이 자본주의 제1 근본법칙인 자본소득분배율(α)=자본수익률(r) × 자본/소득 비율(β)과 결합하면 자본수익률이 하락하지 않는 한 국민소득에서 차지하는 자본가의 소득, 즉 자본소득분배율이 상승하게 되어 자본가와 노동자 간의 소득분배가 더욱 불평등하게 된다는 주장이다. 이 주장이 피케티 『21세기 자본』의 핵심적인 주장이다.

예를 들어 저축률이 12%이고 성장률이 2%이면 자본/소득 비율(β)은 600%가 된다. 여기서 자본수익률이 만약 5%이면 30%가 자본소득분배율이 되어 국민소득 중에서 30%가 자본가에게 분배된다는 것이다. 그런데 만약 성장률이 1.5%로 하락하면 자본/소득 비율(β)은 800%가 된다. 여기서 자본수익률이 5% 그대로이면 40%가 자본소득분배율이 되어 국민소득 중에서 40%가 자본가에게 분배되므로 소득분배가 더욱 악화되는 것이다.

피케티는 앞으로 인구고령화로 저축률은 상승하고 성장률은 하락할 것으로 전망하고 있다. 만약 성장률이 1.5%로 하락하는데 저축률마저 15%로 상승하면 자본/소득 비율(β)이 1,000%가 되어 자본수익률이 5% 그대로이면 50%가 자본소득분배율이 되어 국민소득 중에서 50%가 자본가에게 분배되므로 소득분배가 더욱 악화되는 것이다. 피케티는 앞으로 인구고령화가 진전되면서 저축률은 상승하고 성장률은 하락하게 될 것이므로 소득분배구조가 더욱 악화될 것이라고 전망하고 있다. 그러나 만약 자본/소득 비율(β)의 증가로 자본수익률이 4%로 하락하면 자본/소득 비율(β)은 800%가 되어 소득분배는 변하지 않게 된다.

자본주의 제2 근본법칙에서 가장 중요한 포인트가 자본/소득 비율(β) = 저축률(s)/ 성장률(g) 비율 식이 어떻게 성립하느냐이다. 피케티는 솔로우(Solow, 1956) 성장이론의 결론을 차용하고 있다. 솔로우는 자본가와 노동자로 이루어진 생산함수를 이용해서 노동은 언제나 완전히 고용되고, 저축도 언제나 완전히 투자되며, 생산요소 투입이 증가할수록 생산성이 하락한다는 세 가지 엄격한 가정하에서 자본/노동 비율은 일정한 장기에서 1인당 저축량이 성장률 × 1인당 자본량과 같다는 결론을 도출했다. 이 결론으로부터 자본/노동 비율(β) = 저축률(s)/ 성장률(g) 비율이라는 피케티의 자본주의 제2 근본법칙을 도출했다.[3]

성장률(g)	저축률(s)	$\frac{\text{자본}}{\text{소득}}$ (β)	자본수익률(r)	자본소득분배율 (α)
2	12	600	5	30
1.5	12	800	5	40
1.5	15	1,000	5	50
1.5	15	1,000	4	40

〈표 1〉 성장률 저축률 변화에 따른 피케티 법칙에 의한 분배구조 변화 예시

(2) 자본주의 제2 근본법칙의 오류

이처럼 피케티의 자본주의 제2 근본법칙에는 많은 가정이 전제되어 있다. 이 가정들이 무너지면 이 법칙도 무너진다. 첫째 문제가 되는 가정은 노동증가율이 얼마가 되든지 완전히 고용되어 바로 성장률과 같다는 가정이다. 여기서 문제는 크게 두 가지다. 하나는 현실세계에서 노동은 완전히 고용되지 않아서 실업이 존재한다는 점이다. 엄연한 현실이다.

두 번째는 이처럼 실업이 존재하는 경우에는 고용과 성장률이 얼마나 될 것인지를 어떻게 누가 결정하는가 하는 문제다. 공산주의 계획경제 체제에서는 국가가 결정하겠지만 자본주의 시장경제 체제에서는 주로 기업가가 결정한다. 기업가가 미래의 생산하고자 하는 상품에 대한 미래의 예상 수요와 예상 수익률 및 투입되는 노동, 자본, 토지 등 생산요소의 비용과 인허가에 들어가는 규제 비용 등 제반 비용들을 고려해서 노동과 자본을 고용해 투자를 결정한다.

기업가는 자본주의 시장경제에서 투자활동을 하는 중요한 경제 주체다. 기업가는 자금을 조달해서 토지와 설비를 구입하고 인력을 고용해서 투자활동을 한다. 따라서 기업가의 순이익은 총이익에서 생산활동 결과 생산된 생산액 중 임대료, 이자, 임금, 배당, 세금을 내고 남는 이익이다.

기업가의 순이익 = 생산액 – 임대료 – 이자–배당 – 임금 – 세금

이 순이익이 기업가가 투자를 결정하는 핵심적인 변수다. 기업가는 미래의 기대순이익률(순이익/투자자본)이 적정 수준이 된다고 판단되는 경우에 투자를 하게 된다. 대체로 순이익률이 최소한 이자율에 미래 위험프리미엄(risk premium)을 가산한 수준 이상은 되어야 투자를 하게 된다.

결국 고용과 성장률은 기업가의 투자활동에 의해 결정된다. 그런데 위 모형에서는 이러한 자본주의 시장경제에서 핵심적인 역할을 하는 기업가를 고려하고 있지 않다. 그 결과 노동은 언제나 완전히 고용되어 노동증가율은 바로 성장률과 같아진다는 것이다.

피케티는 자본주의를 단순히 자본가와 노동자 두 계급만 존재하는 사회로 가정하고 있는 계급사관을 토대로 하고 있다. 여기에 자본가를 주식과 채권 투자자, 건물과 토지 임대업자, 자금 대출업자 등 자본을 이용해 돈을 버는 순수한 자본가와 자본을 조달해서 기업을 하는 기업가로 나누어서 자본가, 기업가, 노동자의 세 계급으로 구성된 사회로 가정하면 결론이 달라진다. 이 경우 기업가의 투자

수준에 따라 고용 수준이 결정된다.

따라서 이런 기업가의 투자결정 요인을 고려하지 않고 자본에 누진적인 세금을 부과해 순이익률을 적정 수준 이하로 떨어뜨리면 기업은 투자를 하지 않게 되고, 그 결과 고용은 악화되어 피케티의 주장과는 반대로 소득분배 구조가 더욱 악화될 수 있다. 이처럼 피케티 주장의 근거가 되고 있는 위 성장모형의 결정적인 문제점은 바로 자본주의 시장경제에서 핵심적인 역할을 하고 있는 기업가를 배제하고 있다는 점이다.

자본주의 시장경제에서 기업가의 역할을 인정한 초기의 경제학자는 케인스(John M. Keynes), 슘페터(Joseph A. S. Schumpeter), 로빈슨(Joan V. Robinson)이다. 케인스는 기업가가 미래의 예상수익률과 비용들을 고려하지만 워낙 많은 미래의 불확실성으로 인해 기업가 특유의 긍정적인 '동물적 근성(animal spirit)'이 자본주의 시장경제의 투자를 결정하게 하고 그 결과 고용과 성장률이 결정된다고 주장했다(Keynes, 1936, p.161). 슘페터는 기업가의 '창조적 파괴(creative destruction)' 활동을 통해 자본주의 경제가 발전해 간다고 주장했다(Schumpeter, 1943, p.71). 로빈슨은 기업가의 투자결정이 자본축적률을 결정한다고 주장했다(Robinson, 1943, p.55, 1962, p.36). 그러나 피케티는 자본주의를 자본가와 노동자 두 계급으로 나누어 보는 계급사관을 토대로 분석하고 있어 자본주의 경제에서 투자, 그 결과 고용과 성장을 결정하는 기업가를 배제하고 있다.

이 모형이 전제하고 있는 문제가 되는 두 번째 가정은 저축($S = s \times Q$) (s: 저축률, Q: 생산량)은 언제나 사전적으로 완전히 투자(I)된다는 가정이다.[4] 1인당으로 표시하면 1인당 저축량(즉 1인당 저축률×1인당 생산량, $s \times f(k)$)과 1인당 투자량(i)은 사전적으로 언제나 같다는 가정이다. 투자자금 마련에 필요한 저축만 하면 되고 저축이 많든 적든 언제나 모두 투자활동에 사용된다는 가정으로 여기서도 투자활동을 하는 기업가의 역할은 배제되어 있다.

이 가정으로 인해 생산함수에서 포함된 자본량의 증가분인 투자를 대신해 저축률이 등장하게 된 것이다. 따라서 사전적으로 언제나 저축과 투자가 같다는 이 가정이 성립하지 않으면 저축률이 포함된 위의 식은 도출될 수 없다.

이처럼 자본주의 시장경제에서 중요한 역할을 하는 기업가의 역할, 특히 기업가의 투자활동을 배제함으로써 자본가에게 어떤 과세를 해도 투자와 고용에 영향을 미치지 않으므로 소득분배 개선을 위해 피케티는 자본에 누진과세를 하자고 주장하고 있는 것이다. 자본에 누진과세를 함으로써 투자가 줄어들고 그 결과 고용이 줄어들면 노동자의 소득이 줄어들어 분배구조가 더욱 악화될 수도 있지만, 위 모형에서는 저축은 언제나 완전히 투자되고 노동은 언제나 완전히 고용된다는 가정을 전제하고 있으므로 자본가에게 과세를 해도 문제가 없다는 결론에 도달한 것이다.

이 모형이 전제하고 있는 문제가 되는 세 번째 가정은 장기에서는 자본/노동 비율, 즉 자본장비율(k)이 일정하다는 가정이다. 역시 이 가정, 즉 $\Delta k = 0$이 성립하지 않으면 $\Delta k = s \times f(k) - nk$에서 보듯이 위의 자본주의 제2 근본법칙이 도출될 수 없다.[5] 이 점은 피케티도 인정하고 있다(Piketty, 2014, p.168). 자본장비율이 변하지 않으면서 장기와 또 다른 장기를 비교하면 인구증가율의 하락으로 성장률이 하락하면 자본/소득 비율이 상승해 자본수익률이 크게 하락하지 않은 한 노동자에 대한 자본가의 소득이 증가하는 방향으로 자본가와 노동자 간의 소득분배가 악화된다는 주장이다.

이러한 가정은 가상의 세계를 전제로 한 가정이라고 할 수 있다. 인구증가율이 하락하면 자본이 파괴되지 않는 한 자본장비율이 증가하게 될 것이다. 인구증가율이 하락하면 생산구조가 보다 자본집약화하는 방향으로 노동의 자본대체도 증가해 자본장비율이 증가할 수도 있다. 이렇게 인구증가율 변화로 자본장비율이 변화하게 되는 경우에는 자본주의 제2 근본법칙이 도출되는 위의 식은 도출될 수 없다.

넷째로 분배구조와 관련해 이 모형이 전제하고 있는 중요한 가정은 위에서 가정하고 있는 생산요소 투입이 증가할수록 생산성이 하락하는 한계생산성 체감의 법칙에 토대를 둔 총체적 선형동차함수를 이용해서 한계자본생산성과 한계노동생산성을 도출하고 한계자본생산성은 자본수익률과 같아지고 한계노동생산성은 임금과 같아지는 신고전학파 분배이론을 이용하고 있다. 그런 다음 자본수익률에 대해 임금이 올라가면, 즉 노동의 가격이 자본에 비해 상대적으로 비싸지면 자본/소득 비율이 어떻게 되는가를 설명하고 있다(Piketty, 2014, p.217).

만약 노동의 가격이 자본에 비해 상대적으로 비싸지면 자본을 더 사용하게 되는, 즉 생산요소를 대체하는 대체탄력성이 1보다 큰 경우에는 자본장비율이 올라가서 자본/소득 비율이 상승하고 그 결과 자본수익률이 하락하는데, 자본/소득 비율 상승분이 자본수익률 하락분을 상쇄하고도 남아서 결국은 자본소득분배율이 올라가게 되고, 반대로 노동의 가격이 자본에 비해 상대적으로 비싸지면 자본을 더 사용하게 되는, 즉 생산요소를 대체하는 대체탄력성이 1보다 작고 0보다는 큰 경우에는 자본장비율이 올라가서 자본/소득 비율이 상승하는 정도가 자본수익률 하락분보다 적어서 자본소득분배율이 하락한다는 것이다.

그런데 피케티는 역사적으로 대체탄력성이 1.3~1.6 정도이고 점차 자본의 협상력이 커져서 자본소득분배율은 증가한다고 주장하고 있다(Piketty, 2014, p.221). "역사적으로"는 일반적으로 장기로 볼 수 있는 기간인데 대체탄력성이 1보다 커서 자본장비율이 올라간다는 것은 앞의 세 번째 가정, 즉 장기에 자본장비율이 일정하다는 가정(피케티의 자본주의 제2 근본법칙 도출에 매우 중요한 가정)과 모순된다.

뿐만 아니라 이 이론에 의하면 임금이 올라갈수록 자본을 더 많이 사용하게 되므로 소득분배가 더욱 악화된다는 결론에 도달해 갈수록 기술이 진보하면서 기술집약도와 자본집약도가 높아지고 그 결과 인적 자원의 수준도 높아져서 임금도 올라가는 현상을 설명할 수 없다. 즉 고급인력 고임금으로 특징지어지는 새로운 경제양식을 설명할 수 없다.

이러한 솔로우 형의 신고전학파 성장이론에 대해 로빈슨, 칼도어(Nicholas Kaldor), 칼레스키(Michał Kalecki) 등 후기 케인스학파(Post-Keynesian) 학자들과 스라파(Piero Sraffa) 등 신리카도학파(Neo Recardian) 학자들은 소득분배가 자본이나 노동의 한계생산성에 의해 결정되기보다는 노조활동 등 생산활동에 참여하는 자본가와 노동자 간의 사회적 생산관계(social relations of production)에 의해 결정된다고 주장하고 있다. 즉 노조의 힘이 센 강성노조의 경우에는 자본집약도 증가에도 불구하고 임금이 더 크게 상승해 노동소득분배율이 올라갈 수도 있다는 것이다.

근년에는 기술진보와 인적자원을 중시하는 내생적 성장이론이 등장해서 생산요소 투입이 증가하면 생산성이 하락하는 것이 아니라 오히려 생산성이 높아진다는 한계생산성 체증의 법칙을 주장하고 있다. 이 경우 위의 이론은 송두리째 앞뒤가 맞지 않게 된다.

(3) 소결(小結)

결국 피케티가 주장하고 있는 자본주의 제2 근본법칙은 인구증가율이 얼마가 되든지 언제나 완전히 고용되고, 저축이 얼마가 되든지 언제나 완전히 투자되는 신고전학파의 세계를 가정함으로써 자본주의 시장경제에서 핵심적인 역할을 하는 기업가의 존재와 역할을 인정하지 않는 문제점을 내포하고 있다. 이러한 모형을 이용해 인구증가율과 같은 것으로 전제하고 있는 성장률이 인구증가율 둔화로 하락하면 대체로 저축률은 안정적이므로 자본/노동 비율이 변하지 않는 장기에는 자본/소득 비율이 상승해 소득이 자본가에게 유리하게 배분된다는 현실적으로 납득하기 어려운 주장을 하면서 각종 통계를 견강부회식으로 인용해 합리화하고 있다.

경제성장은 기본적으로 투자에 의해 이루어지고 투자는 자본축적을 가져오는데 기업가의 투자 역할을 배제한 채 단순히 성장률 하락이 자본/소득 비율을 상승시키는 것으로 설명하고 있다. 솔로우에 의해 1956년에 제안되었으나 앞에서 살펴본 바와 같이 그 후 많은 비판에 부딪혔던 모형으로 기업가의 역할은 배제되고 자본가와 노동자의 관계, 그것도 많은 비현실적인 가정을 전제로 해서 도출해낸 이론 모형을 이용하여 자본에 누진적인 세금을 부과해서 악화되고 있는 소득분배를 개선하자는 주장을 하고 있는 것이다.

피케티는 사회주의 경제학자로서 정치경제학적 접근을 하면서도 주장을 합리화시키기 위해 60여 년 전 너무도 많은 비현실적인 가정하에 도출된 신고전학파의 가상적인 이론모형을 인용도 없이 차용하고 있다. 필자도 대학원 시절 솔로우의 정교한 수리분석 모형을 공부할 때 전제하고 있는 여러 가정들, 특히 완전고용 완전투자 가정들이 비현실적이고 무리가 있다는 정도로만 생각했었는데, 그 결론이 무거운 세금을 부과해도 고용과 투자에는 영향이 없고(이미 가정했으므로 당연한 결론)오직 소득분배만 개선시킨다는 어처구니없는 정책도출에 이용되고 있다니 놀라움을 금할 수 없다.

이 모형에서 기업가를 포함하면 기업가의 투자환경 개선 없이는 투자가 이루어질 수 없고 그 결과는 고용악화와 성장둔화를 통해 분배구조의 악화를 초래하는 것이다. 피케티의 주장처럼 성장둔화가 분배악화를 초래하지만 그것은 어디까지나 기업가가 투자를 하지 않아서 고용이 안 되어서 분배구조가 악화된 것이다. 이 점을 간과하고 자본가에게 세금을 더욱 무겁게 물리면 어떻게 될까? 아마도 자본가들은 높은 자본비용으로 더 이상 투자해도 남는 순이익이 예상되지 않으므로 투자를 줄이거나 해외로 탈출해 일자리는 더욱 없어지고, 그 결과 국민소득에서 차지하는 노동소득 비율은 더욱 줄어들어 분배구조는 더욱 악화될 것이다.

Chapter 3

한국경제와『21세기 자본』[6]

한국경제는 1963~1991년 중 연평균 9.5%에 달하는 고성장을 지속했으며, 그 결과 국민소득 중 노동소득이 차지하는 노동소득분배율도 꾸준히 상승해 왔다. 1964년 28.1%였던 노동소득분배율은 1996년 중 62.6%까지 32년 동안 지속적으로 상승해 왔다. 그 후 한국경제가 중성장기에 들어가면서 노동소득분배율은 18년 간 60% 내외에서 횡보를 하고 있다.

반대로 국민소득에서 자본소득이 차지하는 자본소득분배율은 1964년의 71.9%에서 1996년 37.4%까지 지속적으로 하락해 왔다. 그 후에는 평균 40% 수준에서 횡보를 보이고 있다. 성장률이 상승하는 기간 중에는 피케티의 주장대로 자본소득분배율이 하락해 오다 성장률이 하락하는 기간 중에는 자본소득분배율이 정체하는 모습을 보이고 있다.

그렇다면 성장률 하락이 바로 피케티의 자본주의 제2 근본법칙처

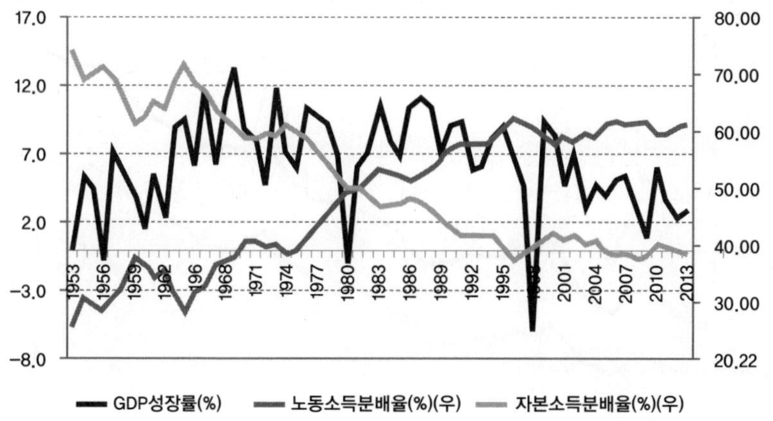

한국은행 경제통계시스템

〈그림 1〉 경제성장률과 노동소득분배율, 자본소득분배율

럼 자본/소득 비율의 상승을 초래했는가 하는 점이다. 한국은행의 국민대차대조표에 따르면 한국의 전체적인 자본/소득 비율은 1970년의 141%에서 2012년에는 369%까지 꾸준히 상승해 왔다.[7] 자본의 구성 중 건설자산과 설비자산의 국민소득에 대한 비율을 보면 건설자산/소득 비율은 1970년의 99%에서 2012년에는 280%로 상승해 왔다. 그러나 설비자산/소득 비율은 1970년의 40%에서 2012년에는 48%로 소폭 상승에 그쳤다. 특히 1998년 68%를 정점으로 그 후에는 하락하는 모습을 보이고 있다.

이러한 자본/소득 비율을 경제성장률과 함께 보면 고도성장기간 중에는 성장률과 비례해서 자본/소득 비율이 상승해 왔음을 알 수 있다. 그리고 성장률이 둔화되기 시작한 이후에도 총자본/소득비율

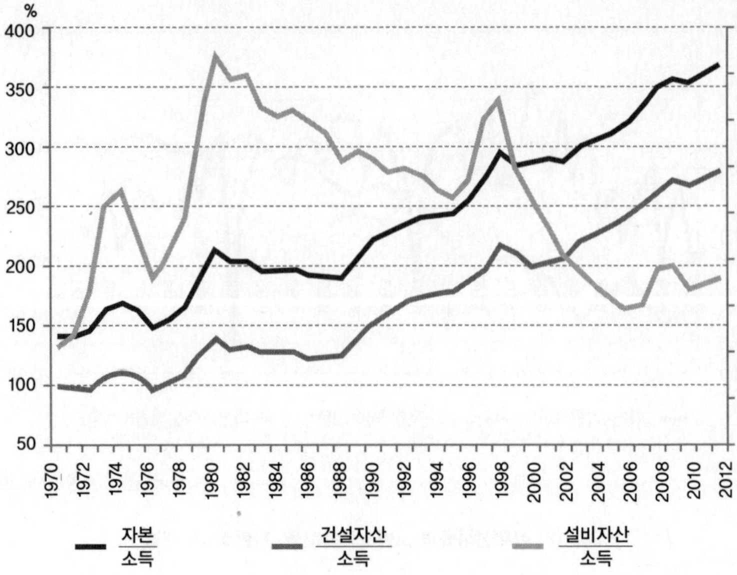

〈그림 2〉 한국의 자본/소득 비율

은 건설자산/소득 비율의 꾸준한 증가에 힘입어 상승했다. 즉 경제성장률과 무관하게 자본/소득 비율은 지속적으로 증가해 왔다. 또한 설비자산/소득 비율은 경제위기 시를 제외하고는 경제성장률과 정의 관계를 가지고 움직여 왔다. 근년에는 저성장을 반영해 설비자산/소득 비율이 1998년 이후 지속적으로 하락해 오고 있다. 결론적으로 성장률이 하락하면 자본/소득 비율이 증가한다는 피케티의 자본주의 제2 근본법칙은 적어도 한국경제에는 맞지 않은 것으로 판단된다.

한국의 자본수익률 추이를 보면 제조업 자기자본경상이익률과 제조업 총자산경상이익률이 1997년 금융위기 이전 1990~1996년

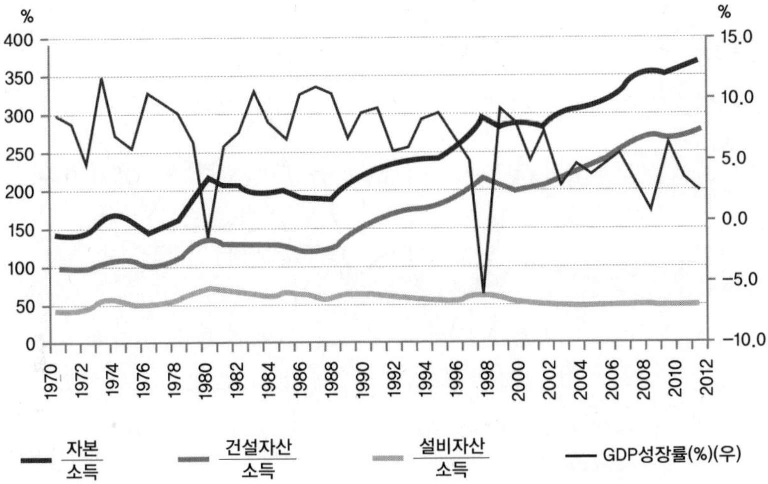

한국은행 경제통계시스템

〈그림 3〉 한국의 자본/소득 비율과 경제성장률

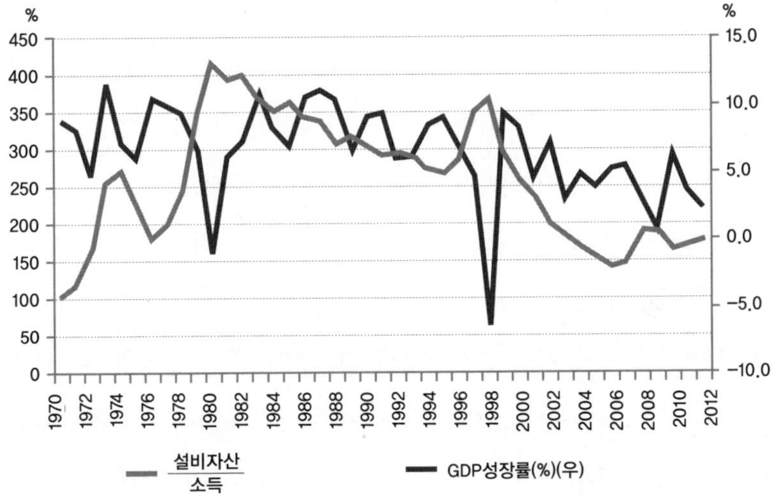

한국은행 경제통계시스템

〈그림 4〉 한국의 설비자산/소득 비율과 경제성장률

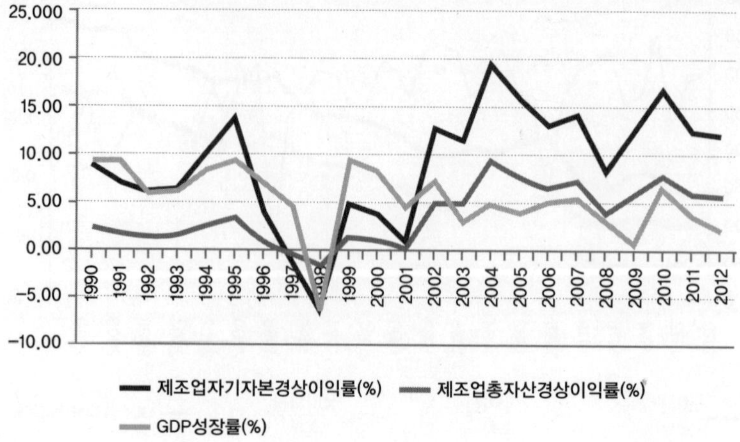

한국은행 기업경영분석

〈그림 5〉 자본수익률과 경제성장률

중 연평균 8.1%, 2.1%였으나 금융위기 이후 1999~2012년 중에는 연평균 11.4%, 5.3%로 높아졌다. 한편 같은 기간 연평균 경제성장률은 7.9%에서 4.9%로 낮아졌다. 즉 경제성장률이 상대적으로 높았던 금융위기 이전 기간에는 자본수익률이 상대적으로 낮고, 경제성장률이 상대적으로 낮았던 금융위기 이후 기간에는 자본수익률이 상대적으로 높았다. 이는 금융위기 이전에는 수익성보다는 투자 자체에 역점을 두는 기업경영 행태에 힘입어 투자가 활성화되어 자본축적이 빠르게 이루어진 반면, 금융위기 이후에는 수익성을 고려하는 방향으로 기업투자가 보수화되면서 자본축적도 더디게 이루어진 데 따른 것으로 보인다. 이처럼 기간별 특징은 금융위기를 전후한 한국경제의 구조적 변화에 기인하는 것이다. 그러나 각각의 기간 내에서는 경제성장률과 자본수익률이 2000년대 중반을 제외하고는

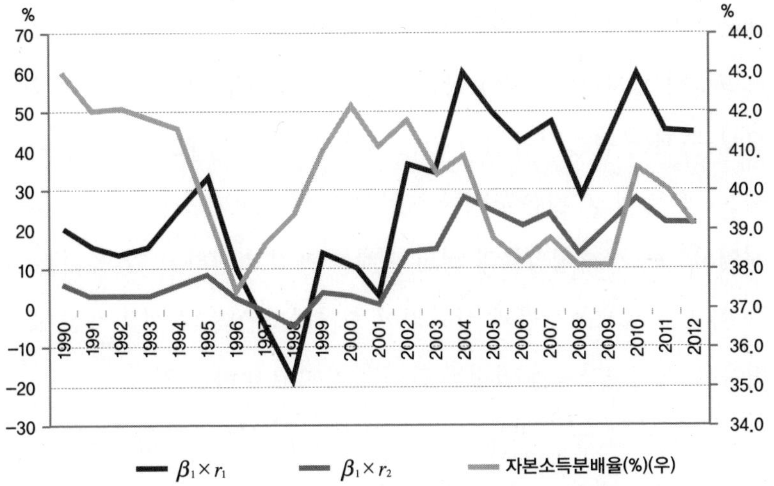

위 인용통계를 이용해서 계산

〈그림 6〉 자본/소득 비율 ×자본수익률과 자본소득분배율

대체로 정의 관계를 보이며 변동해 왔다.

한편 피케티의 자본주의 제1 근본법칙의 현실적합성 여부를 보기 위해 자본/소득 비율에 제조업 자기자본경상이익률과 제조업 총자산경상이익률을 곱해 두 가지의 자본소득분배율(각각 r_1 r_2)을 계산해 보고 그 결과를 국민계정상의 자본소득분배율과 비교해 보았다. 여기서는 통계상의 제약으로 인해 제조업 자본수익률 × 자본/소득 비율과 국민계정상의 자본소득분배율은 수준은 달랐지만 대체로 비슷한 움직임을 보이고 있었다.

이는 자본/소득 비율의 변화, 즉 자본집약도 또는 자본심화 정도에 따라 자본수익률이 하락할 수는 있지만 피케티의 주장대로 자본소득분배율을 변화시킬 정도는 아닌 것으로 보인다. 결론적으로 피케티의 자본주의 제1 근본법칙은 정확하지는 않지만 어느 정도 추세는 설명하고 있는 것으로 판단된다.

그렇다면 자본주의 제1 근본법칙은 어느 정도 현실적합성이 있으므로 문제는 현실적합성이 없는 것으로 나타난 제2 근본법칙이다. 제2 근본법칙 중 자본수익률은 앞서 살펴본 바와 같이 일부 구간을 제외하고는 경제성장률과 정의 관계를 가지고 변하고 있다. 자본/소득 비율은 경제성장률과 상관없이 증가하고 있으나 설비자산/소득 비율은 경제성장률과 밀접한 관련을 가지고 변하고 있다.

설비자산/소득의 비율이 일정 수준을 유지하고 높은 경제성장률이 지속되는 기간 중에는 자본소득분배율은 하락하고 노동소득분배율은 상승했다. 설비자산/소득의 비율이 하락하고 경제성장률이 낮아지는 기간 중에는 소득분배구조 개선이 더 이상 이루어지지 않고 있다. 결국 설비투자가 소득분배에 중요한 변수라는 것이다.

결국 소득분배 악화를 결정하는 요인은 피케티의 자본주의 제2 근본법칙이 주장하고 있는 바처럼 성장률 둔화 자체가 아니라 성장률 둔화를 초래한 투자부진임을 알 수 있다. 경제성장률의 변화는 투자증가율과 정의 관계를 가지고 변하고 있다.

그렇다면 왜 투자가 소득분배의 중요한 결정 요인인가? 피케티는 기업의 투자를 배제하고 소득분배를 분석하고 있기 때문에 이 문제를 간과하고 있는 것이다. 결국 투자는 고용을 통해 소득분배를 결정한다. 투자가 가져오는 경제성장은 어떤 경로를 통하여 소득분배를 개선시키는지를 알아볼 필요가 있다.

성장이 소득분배에 영향을 미치는 경로로 첫째, 경제가 성장하면 우선 일자리가 증가하여 일자리가 없던 계층의 소득이 증가하므로

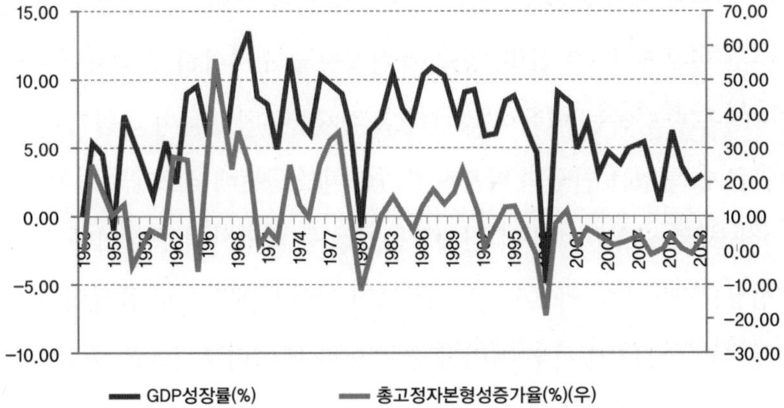

한국은행 경제통계시스템

〈그림 7〉 투자증가율과 경제성장률

소득분배가 개선되는 일자리창출경로, 둘째, 경제가 성장하면 양질의 일자리가 증가하여 저소득으로 일하던 근로자들의 소득이 증가하므로 소득분배가 개선되는 일자리개선경로, 셋째, 경제가 성장하면 세수가 증가하여 복지지출 등 보다 많은 재분배가 가능하므로 소득분배가 개선되는 소득재분배경로, 넷째, 경제가 성장하면 소비가 증가하여 일반적으로 저소득계층인 자영업자의 소득이 증가하여 소득분배가 개선되는 소비경로를 생각해 볼 수 있다. 이 장에서는 경제성장의 소득분배개선 효과가 큰 일자리창출경로와 일자리개선경로에 대하여 살펴보고자 한다.

첫째로 경제가 성장하면 구직의 어려움이 줄어들어 구직단념자[8]가 줄어든다. 구직단념 비율과 경제성장률 추이를 보면 두 변수 간에 상반된 관계가 존재하는데, 특히 글로벌 금융위기 이후 구직단념 비율이 크게 증가하고 있다.

그 결과 경제활동참가율이 경제성장률과 거의 비례적으로 움직이고 있음을 알 수 있다. 결국 경제성장률이 하락하면 일차적으로 구직을 단념하는 비율이 증가하고 경제활동참가율이 하락하여 그만큼 소득 없는 인구의 비율이 증가하여 소득분배구조가 악화된다.

둘째로 중요한 변수가 경제활동인구 중 취업자의 증감이다. 경제성장률과 취업자의 증감 추이를 보면 거의 비례적으로 움직이고 있다. 다만 2011년 이후 취업자 중 은퇴한 베이비부머들을 중심으로 자영업자들이 크게 증가하면서 경제성장률과 취업자의 증감이 상반된 모습을 보이고 있다. 여기서 자영업자는 대부분 도소매, 음식숙박업 등 저부가가치 영세 자영업자에 집중되어 있으므로 경제성장률이 하락하면 이차적으로 경제활동인구 중 취업자가 감소하여 소

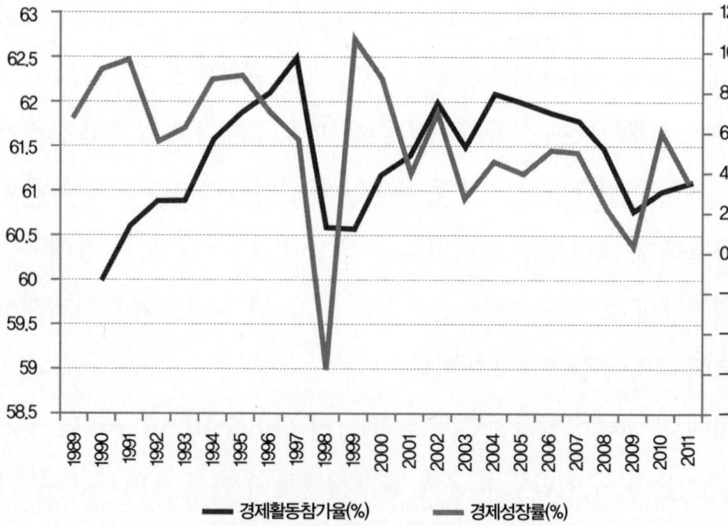

통계청

〈그림 8〉 경제활동참가율과 경제성장률 추이

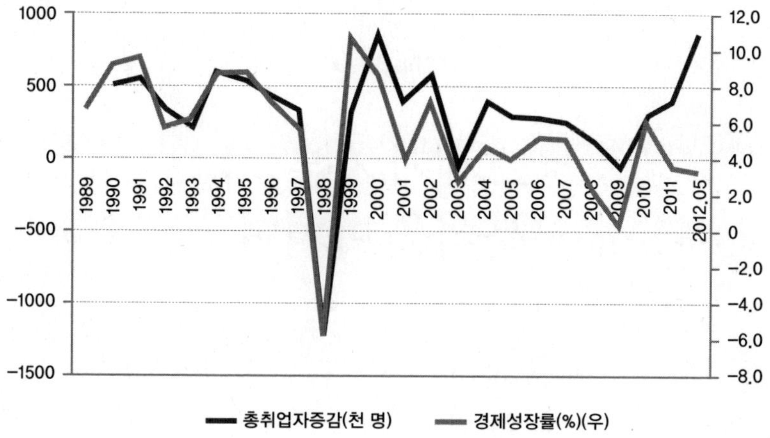

통계청

〈그림 9〉 총취업자 증감과 경제성장률 추이

득분배 구조가 악화되는 것으로 결론지을 수 있다.

Chapter 4

『21세기 자본』의 분석을 마치며

피케티가 주장하고 있는 세율 구조를 보면 대체로 소득세의 경우 연소득 5억 원 정도 이상이면 80%의 몰수적 세금을 부과하자고 주장하고 있어 연소득 5억 원, 세후 1억 원 정도 이상은 과다하다고 판단하고 있는 것으로 보인다. 연소득 2억 원 이상이면 50~60%의 고율의 누진소득세를 부과하자고 주장하고 있다.[9]

여기에 순자산이 1조 3,800억 원 정도 이상이면 10%의 자본세를 내는 경우 이론적으로 5년이 지나면 순자산은 50% 줄어들어 6,900억 원이 되고, 여기에 다시 5%의 자본세가 부과되면 10년 후 순자산은 3,450억 원이 된다. 이후 3%의 자본세를 10년 부과하면 10년 후 순자산은 2,415억 원이 된다. 여기에 2%의 자본세를 10년간 부과하면 10년 후 순자산은 1,932억 원으로 줄어든다. 대체로 2,000억 원 정도까지는 자산이 급격히 줄어드는 구조다.

이는 피케티는 연소득은 5억 원 정도, 개인순자산은 2,000억 원 정도 이상은 바람직하지 않는 것으로 생각하고 있는 것으로 보인다. 이 경우 재산 상속도 급격히 줄어들어 피케티가 21세기 중 심화될 것으로 전망하고 있는 세습자본주의가 제어될 수도 있을 것이다. 이 때문에 이 정도 이상의 소득과 순자산에 대한 고율 과세, 심지어 몰수적 고율 과세는 "경제적으로 아무 쓸모없거나 심지어 해롭기도 한 [고소득자나 고액자산보유자의] 행위에 대한 합리적 제약인 동시에 성장의 과실을 보다 넓게 배분하는 방법"(Piketty, 2014, p.513, [ ] 안은 필자주)이라는 것이다.

그는 이러한 방법이 노동의 착취만 심화시키는 자본의 폐해를 없애기 위해 생산수단을 공유할 것을 주장한 마르크스와 달리 자본의 사적 소유과 경쟁을 인정하면서도 자본을 제어할 수 있는 덜 폭력적이고 더 효율적인 방법이라고 주장하고 있다(Piketty, 2014, p.532).

개인의 연소득은 5억 원 정도, 개인순자산은 2,000억 원 정도 이하가 되는 사회는 어떤 사회일까? 마르크스의 주장처럼 생산수단이 완전히 공유되어 개인들의 사적 재산소유와 경쟁의 동기가 완전히 사라진 공산주의 경제는 아니고, 그렇다고 사적 재산소유와 경쟁의 동기를 완전히 인정하는 시장경제 자본주의와는 거리가 먼 경제구조임이 틀림없을 것이다. 피케티는 사적 자본소유과 경쟁을 인정한다고 했지만, 너무도 소득과 자산소유의 평등에 치우친 나머지 좌측으로 많이 경도된 경제 구조로 보인다. 무엇보다도 개인은 더 많은 성과를 기대하고 보다 창의적이고 적극적으로 일하려고 하지 않을 것이고, 기업가는 큰 기업을 이루려고 하는 기업가 정신이 훼손될 것이다. 기업의 규모가 커지면 커질수록 대주주의 지분율이 낮아져서 오히려 적대적 인수합병의 위험에 노출될 우려만 커지게 될 것이다.

자동차공장을 예로 들어 살펴보기로 하자. 한국에서 자동차공장을 하나 짓는 데 대략 10조 원 정도 소요된다고 한다. 여기서 만약 대주주의 지분이 2,000억 원 정도면 지분율은 2%에 불과해 언제든지 적대적 인수합병의 위험에 노출될 우려가 크다. 1년 간 경영한 결과 영업이익이 5,000억 원(투자액의 5%) 발생하고, 이 중 배당을 1,000억 원 했다면 대주주에게는 2%인 20억 원이 배당될 것이다. 이는 피케티가 주장하고 있는 90% 몰수적 고율의 소득세 부과대상이 되어 18억 원의 소득세가 부과된다. 또한 10조 원의 투자액 중 대출 등 외부자본이 8조 원이고 순자산, 즉 자기자본이 2조 원이면 10%의 자본세 부과대상이 되어 2,000억 원의 자본세가 부과된다. 대주주는 2%인 20억 원의 자본세를 내야 한다. 배당소득 내고 남은 소득은 2억 원밖에 없으므로 이 세금을 내기 위해서는 지분을 처분할 수밖에 없다. 이와 같은 소득세, 자본세가 몇 년 부과되면 상속은 거의 할 수 없게 되어 자본의 집중이 해소되고 피케티가 말하는 세습자본주의가 해소된다는 구상이 피케티의 주장으로 보인다. 이 정도면 중소기업 외에는 기업투자는 거의 기대할 수 없는 수준이라고 할 수 있다. 경제가 피폐해지는 것은 시간 문제다.

한마디로 개인의 근로의욕과 기업가의 기업가정신이 위축되어 투자와 성장은 둔화되고 일자리는 더욱 줄어들게 될 수밖에 없어 일자리를 갖지 못한 계층은 더욱더 많은 분배를 요구하게 되고 인기영합적인 정치인들은 세금을 더욱 올리면서 경제는 더욱 축소되고 마침내 경제사회적 불안이 크게 높아지게 될 것은 명약관화하다.

자본주의 시장경제의 가장 큰 강점은 사적 재산소유를 토대로 한 경쟁의 효율성이 개인의 근로의욕과 기업의 투자의욕을 고취하는 동인이 되어 일자리를 창출하고 경제가 성장해 간다는 점이다. 그러나 이 과정에서 불가피하게 참여하지 못하는 계층이 존재하게 마련이다. 이 계층을 위한 복지제도 구축은 불가피하고 따라서 과도하지 않는 범위 내에서 누진세도 필요한 측면이 있다. 자산이 과도하게 집중될 우려가 있는 경우 적절한 수준에서 상속세도 필요하다. 다만 피케티의 주장처럼 사적 재산소유를 침해할 우려가 있을 정도로 과도한 수준의 과세는 개인의 근로의욕과 기업의 투자의욕을 저해해서 투자를 위축시키고 일자리를 앗아가서 경제사회적 혼란만 초래한다는 사실을 명심해야 한다.

참고문헌

오정근, "『21세기 자본론』의 오류와 한국의 소득분배", 한국경제학회, 『한국경제포럼』, 2014년 7월호, pp.1-21.

오정근, "경제성장이 소득분배구조 개선에 미치는 영향과 정책방향", 전국경제인연합회, 2012.

Kaldor, N., "Alternative Theory of Distribution", *Review of Economic Studies*, Vol. XXIII, No. 2, 1956, pp.83-100.

Oh, Jung-Gun, *The Neo-Keynesian Theory of the Rate of Profit and Distribution*, M.A. Dissertation, University of Manchester, 1984.

Piketty, Thomas, *Capital in the Twenty-First Century*, The Belknap Press of Harvard University Press, Cambridge Massachusetts, London England, 2014.

Robinson, Joan, *The Accumulation Capital*, MacMillan, London, 1956.

Robinson, Joan, *Essays in the Theory of Economic Growth*, MacMillan, London, 1962.

Schumpter, Joseph, A., *Capitalism, Socialism and Democracy*, 1943.

Solow, Robert, M., "A Contribution to the Theory of Economic Growth", *Quarterly Journal of Economics*, Vol. LXX, Feb. 1956, pp.65-94.

주

1. 한국경제학회, 『한국경제포럼』 2014년 7월호에 게재된 "『21세기 자본론』의 오류와 한국의 소득분배"를 보다 알기 쉽게 서술형으로 축약 수정 보완한 것임.
2. 후기케인스학파의 주장 중 가장 간단한 칼도어(Kaldor, 1956)의 주장을 보면 다음과 같다. 그는 우선 소득(Q)이 이윤(Π)과 임금(W)으로 분배된다고 가정하고 있다

$$Q \equiv \Pi + W \equiv rK + W \quad (K\text{: 자본})$$

그리고 이윤과 임금 중 일정 부분이 각각의 저축률, 즉 이윤저축률(s_π) 임금저축률(s_w)에 의해 저축된다. 따라서 국민경제의 총저축(S)은 다음과 같이 된다.

$$S \equiv s_\pi \Pi + s_w W \equiv s_\pi rK + s_w(Q - rK)$$

이를 다시 다음과 같이 정리할 수 있다.

$$S \equiv s_w Q + (s_\pi - s_w) rK$$

이 총저축은 사후적으로 언제나 총투자(I)와 같다.

$$I \equiv s_w Q + (s_\pi - s_w) rK$$

여기서 다음과 같은 관계를 도출할 수 있다.

$$r \times \frac{K}{Q} \equiv \frac{1}{s_\pi - s_w} \times \left(\frac{I}{Q} - s_w\right)$$

여기서 $\frac{K}{Q}$는 자본/소득 비율(β)이다. $\frac{I}{Q}$는 소득 중 투자의 비율을 나타내는 투자율이다. 식을 단순화하기 위해 임금은 모두 소비한다고 가정($s_w = 0$)하면 다음과 같이 된다.

$$r \times \beta \equiv \frac{1}{s_\pi} \times \frac{I}{Q}$$

이는 자본소득/소득 비율($r \times \beta = \alpha$)은 자본가의 저축률과 투자율에 의해 결정 된다는 것으로 자본가는 이윤을 남기지 않고 투자하면 투자할수록 더 많은 이윤을 얻게 된다는 후기케인스학파 분배이론의 대표적인 명제 중 하나다. 만약 이윤저축률이 20%, 즉 이윤의 80%를 투자하고 투자율이 10%이면 자본소득/소득 비율은 50%가 된다.

이를 변형해서 자본수익률(r)과 자본/소득 비율(β) 간의 관계를 보면 다음과 같이 된다.

$$r \equiv \frac{1}{s_\pi} \times \frac{I}{Q} \times \frac{1}{\beta}$$

즉 언제나 자본수익률(r)과 자본/소득 비율(β) 간에는 부의 관계가 존재함을 알 수 있다.

3. 이 식은 솔로우(Solow, 1956)의 성장이론에서 주장된 결과다. 솔로우는 이와 같은 결과를 도출하기 위해 먼저 다음과 같은 총체적 선형동차 생산함수(aggregate linear homogeneous production function)를 가정했다. 즉 자본과 노동이 결합된 생산활동을 통해 생산이 이루어진다는 의미다. 대학 학부 수준의 미시경제학에서 많이 보는 생산함수 모형이다.

$$Q = f(K, L) \quad Q: \text{생산량} \quad K: \text{자본량} \quad L: \text{노동량}$$

여기서 자본량은 실제 생산활동에는 기계, 원재료 등 여러 가지 이질적인 자본들이 투입되지만 이들을 묶어 하나의 자본으로 간주했다. 이 때문에 총체적(aggregate) 생산함수라고 한다. 이 총체적 생산함수 가정은 나중에 영국 케임브리지학파와 미국 신고전학파 간에 자본논쟁(capital controversies)을 불러일으킨 원인이 되었다.
선형동차함수라는 것은 자본과 노동이 일정비율로 투입되면 생산량도 같은 비율로 증가한다는 의미다. 예를 들어 자본과 노동이 2배 증가하면 생산량도 정확하게 2배 증가한다는 것이다. 이 선형동차 가정은 1인당 자본량과 1인당 생산량의 관계를 보는 데 유용하게 사용되고 있다. 예를 들어 노동이 $\frac{1}{L}$ 증가하면 위 생산함수식은 다음과 같이 된다.

$$\frac{Q}{L} = f\left(\frac{K}{L}, 1\right)$$

여기서 $\frac{Q}{L} = f(k)$, $\frac{K}{L} = k$와 같은 1인당 기준으로 표시하면 다음과 같이 된다.

$$f(k) = f(k, 1)$$

여기서 노동이 $n\%$ 증가하면 성장률(g)도 $n\%$ 증가하게 될 것으로 가정하고 있다. 즉 노동은 얼마가 증가하든지 언제나 완전히 고용되어 노동증가율은 성장률과 같게 된다. 이만큼 솔로우 모형에서 완전고용과 선형동차함수 가정은 중요하다.
저축은 생산량의 일정비율, 즉 저축률(s)만큼 저축하므로 1인당 저축량은 $s \times f(k)$가 된다. 그리고 이 1인당 저축량은 항상 투자된다는 가정하에서 1인당 투자량(i)은 1인당 자본량의 증가분(Δk)과 같으므로 다음과 같은 식을 도출했다.

$$\Delta k = s \times f(k) - nk$$

여기서 솔로우는 다시 하나의 가정을 더 한다. 즉 1인당 자본량의 증가분(Δk)이 장기에는 제로라는 가정이다. 즉, 장기에는 1인당 자본량($k = \frac{K}{L}$), 즉 흔히 자본장비율이라고도 하는 자본/노동 비율이 변하지 않는다는 가정이다. 만약 장기에 자본/노동 비율이 변하지 않는다면 위 식은 다음과 같이 된다.

$$s \times f(k) = nk$$

여기서 노동증가율은 성장률과 같다고 가정하고 있으므로 이는 다시 다음과 같이 된다.

$$s \times f(k) = gk$$

이 식에서 바로 다음과 같은 피케티의 자본주의 제2 근본법칙이 도출된다.

$$\beta = \frac{s}{g} \quad \left(\frac{k}{f(k)} = \beta\right)$$

4. 국민경제 항등식 $Y = C + I$ 에서 $Y - C = S \equiv I$는 국민경제의 투자활동 결과 발생한 소득에서 소비하고 남은 저축은 투자와 사후적으로 일치한다는 개념으로 저축이 사전적으로 언제나 완전히 사용되어 투자와 일치한다는 개념과는

다른 개념이다. 학부 수준 거시경제학의 기본적인 개념이다.

5. 미주 3 참조

6. 오정근(2012)을 토대로 작성.

7. 피케티는 자본을 인적자본은 제외하고 인간에 의해 축적되어 개인이나 공공부문에 의해 소유되고 시장에서 거래될 수 있는 비금융자산과 금융자산의 합에서 금융부채를 제외한 순자산으로 정의하고 (Piketty, 2014, pp.46~47), 마르크스를 따라서 생산활동에 직접적으로 사용된 자본으로 국한하는 것이 보다 적합한 개념이라고 정의하고 있다(Piketty, 2014, pp.46~47, p.229). 이러한 개념에 적합한 자본스톡의 양을 추정하는 일은 쉽지 않다.

   한국은행 대차대조표는 자산을 건설자산, 설비자산, 지식재산생산물로 구성된 비금융생산자산과 토지자산, 지하자산, 임목자산으로 구성된 비금융비생산자산으로 구분하고 있다. 본고에서는 생산활동에 사용된 비금융생산자산을 기준으로 계산했다.

   금융자산이 포함되지 않은 것은 전체적인 자본의 규모를 보는 데는 큰 무리는 없을 것으로 보인다. 은행예금 등 금융기관의 부채는 대부분 대출되어 금융기관의 자산으로 계상되고 이는 다시 실물부문의 부채가 되기 때문에 비금융생산자산의 규모는 정확하지는 않지만 대체로 비금융생산자산과 금융자산의 합에서 금융부채를 제외한 규모와 비슷할 것으로 추정되기 때문이다.

8. 구직단념자란 노동시장적 사유로 일거리를 구하지 않은 자 중 지난 1년 내 구직 경험이 있었던 사람으로 정의되며 구직단념 비율 = 구직단념자/15세 이상 인구의 비율을 말한다.

9. 이 경우에도 실제로 5억 원 소득이 있는 경우 80%인 4억 원을 세금으로 내는 경우는 드물다. 만약 소득 5억 원 이상은 80%, 2억 원 이상은 60%의 세율구간인 경우 (5억–2억) × 0.8 + 2억 × 0.6 = 3.6억 원의 세금을 내게 된다. 이처럼 세율구간을 어떻게 설정하느냐에 따라 세금이 다르게 되지만, 본고에서는 편의상 간단한 구조로 피케티 주장의 시사점을 살펴보았다.

Part 6

자본 이론 없는 자본 분석은 현상을 오도할 뿐이다

김영용 (전남대학교 경제학과 교수)

Chapter 1

시작하는 말

프랑스의 경제학자 피케티가 최근에 펴낸『21세기 자본』이 많은 사람들의 주목을 끌고 있다. 이 책은 신고전학파의 간단한 성장 모형을 바탕으로 독일, 미국, 영국, 이탈리아, 일본, 프랑스, 캐나다, 오스트레일리아 등 주요 국가의 300여 년의 방대한 역사적 자료를 이용하여 부의 불평등도가 심화되고 있다는 사실을 보이고 있다.

제1차 및 제2차 세계화의 진전과 함께 자본축적이 가속화되면서 소득에 대한 자본스톡의 비율(β)이 증가하지만, 자본수익률(r)은 떨어지지 않고 경제성장률(g)보다 큰 현상을 보이므로 자본소득분배율(α)이 늘어나고, 이러한 자본은 일부 상위 계층이 집중적으로 소유함으로써 부의 불평등도가 심해지고 있다는 것이다.

피케티는 부의 불평등은 노동소득, 자본과 그로부터 얻는 소득, 그리고 이 두 요인의 상호 작용에 의해 야기되는데, 노동소득은 상대적으로 고르게 분포하지만, 자본소득과 자본스톡(capital stock: 자본량)은 소수의 상위 계층에 집중되는 분포를 보이므로 부의 불평등은 주로 자본스톡의 소유 불균형에서 기인하는 것이라고 설명한다. 이를테면 노동소득은 상위 10%가 총 노동소득의 25~30%를 얻는 반면에 자본소득은 상위 10%가 총 부의 50% 이상을 점유한다는 것이다. 특히 하위 50%는 부를 거의 보유하지 않는다는 통계를 제시하고 있다. 그리고 자본스톡은 주로 상속에 의한다는 것이다. 또한 피케티는 개인의 소질이나 노력의 결과로 인한 부의 불평등은 상대적으로 정당화될 수 있고 부도덕하지 않지만 상속 자본에 의한 부의 불평등은 부도덕하다고 인식하고 있다.

피케티는 자본주의 시장경제에는 1인당 소득이 수렴하는 경향과 발산하는 경향이 동시에 존재하지만 경제의 저성장과 자본이 노동에 비해 더 강한 협상력을 가지면 발산하는 경향이 커져 자본축적은 더욱 가속화되고 부 또한 소수의 상위 계층에 집중되는 경향을 보일 것이라는 예측을 하고 있다. 특히 21세기에 들어 이러한 경향이 더욱 두드러지게 나타나는데, 이는 1970년대 이후 제2차 세계화에 따라 자본이 다양한 용도에 사용됨으로써 자본수익률은 하락하지 않은 반면에, 전반적인 경제성장률은 이에 미치지 못하기 때문이라는 설명이다. 즉 저성장이 자본축적을 촉진하고 상속에 의한 자본의 중요성이 증가하여 소수의 상위 계층에 부가 집중되기 때문에 불평등도가 심화되고 있다는 것이다.

피케티는 저성장과 자본축적에 따른 부의 편중 문제를 완화하고 정치적 혼란과 충돌을 막기 위해서는 축적된 자본을 재분배하는 정책을 실시해야 한다고 주장한다. 즉 부유층이 소유하는 자본스톡에 대해 누진세 형태의 글로벌 자본세를 부과해야 한다는 처방을 내놓고 있다. 자본주의 시장경제에는 수렴과 발산의 경로가 존재하지만 현재, 그리고 앞으로도 자본수익률이 경제성장률보다 클 것으로 예상되므로 소득에 대한 자본의 비율과 자본소득분배율이 꾸준히 커지는 것을 막을 수 있는 자기 교정 메커니즘이 존재하지 않기 때문이라는 것이다.

자본소득이 아닌 자본스톡에 누진세를 매겨야 하는 이유에 대한 피케티의 설명은 다음의 두 가지다. 첫째, 부유층의 자본스톡 측정은 상대적으로 용이하지만, 이들의 소득은 다양한 원천으로 구성되므로 이를 정의하거나 측정하기 어려우며 부정확하고, 또 최상위 소득계층에 대한 유효세율도 아주 낮은 편이므로 별다른 효과가 없다. 둘째, 높은 수익률(예: 10%)을 얻는 자본에 대한 세금 1~2%는 가벼우므로 기업가들의 투자 인센티브를 저해하지 않고, 낮은 수익률(예: 2~3%)을 얻는 자본에 대한 세금 1~2%는 무거우므로 이런 자본은 다른 투자자에게 팔리도록 하여 자본의 효율적 이용을 촉진하기 때문이다.

피케티의 분석과 정책 제안은 역사적 자료를 바탕으로 자본주의의 미래를 걱정하는 생각에서 발원하는 듯하다. 그러나 그가 바탕으로 삼고 있는 주류경제학에는 자본 이론이 없어 자본에 관한 그의 분석을 뒷받침할 수 없다는 치명적 약점을 안고 있으며, 그가 의존하고 있는 이론마저도 정확하게 제시된 바 없고, 다만 독자들의 해석에 맡기고 있는 형편이다. 또한 그의 분석은 방대한 자료에 대한 하나의 귀납적 해석으로서 자본주의 시장경제에서의 자본축적 및 부의 형성과 성장 과정에 대한 논리적 틀이 결여되어 있어, 귀납적 해석에 따른 하나의 개연성을 자본주의 전체적 현상으로 과대 포장하고 있다.

Chapter 2

피케티의 이론 구조

피케티가 자신의 데이터를 설명하는 데 사용하는 식은 세 가지다. 피케티의 제1식인 자본소득분배율(α)은 국민소득 중에서 자본에 귀속되는 소득 비율로서, 자본의 한계수익률(r)과 소득에 대한 자본스톡의 비율(β)을 곱한 것이다($\alpha = r \times \beta$). 제2식인 소득에 대한 자본스톡의 비율은 경제의 저축률(s)을 경제성장률(g)로 나눈 것이다($\beta = \frac{s}{g}$). 마지막으로 제3식은 각국의 역사적 자료에서 발견한 것으로서 자본수익률이 경제성장률보다 크다는 것이며($r > g$), 경제가 낮은 율로 성장할 때 자본축적이 가속화되는 이유와 부가 소수의 상위 계층에 집중되는 이유를 설명하는 식이다.

제2식은 표준적인 경제학 교과서에 나오는 경제성장 모형의 장기 균형상태에서 성립하는 식이다(부록의 〈그림 1〉 참조). 장기 균형상태란 완전고용하에서 1인당 자본량의 변화가 없는 상태를 의미하고,

균제상태(steady state)란 경제가 장기 균형경로를 따라 성장하는 상태를 뜻한다. 그런데 경제가 균제상태의 성장경로를 따라가면 자본소득과 노동소득의 상대적 비율은 변하지 않는다.

한편 자본스톡/소득의 비율이 증가하면 자본의 수익률은 감소한다. 즉 두 변수는 역관계에 있는데, 이는 자본스톡이 증가할수록 그에 따른 추가적인 수확, 즉 한계수확이 체감한다는 가정에 따른 것이다. 피케티는 자신이 상정한 생산함수가 어떤 형태인지를 명시적으로 말하지 않고 있지만, 전반적인 논의로 미뤄 볼 때 한계수확이 체감하는 생산함수를 사용하고 있다. 이는 영어 번역본의 217쪽에서 설명하고 있는 자본과 노동 간의 대체탄력성(σ)에 따른 설명을 보면 알 수 있다. 구체적으로는 코브-더글러스(Cobb-Douglas) 형태의 1차 동차 생산함수에 바탕을 두고 있다.[1] 자본과 노동 간의 대체탄력성이란 자본과 노동 간의 상대가격이 변할 때 두 생산요소를 대체할 수 있는 용이도를 나타내는데, 대체탄력성이 1보다 크면 자본스톡이 증가할 때 자본소득분배율이 높아지고, 0과 1 사이면 자본소득분배율은 떨어진다. 또 1이면 자본소득분배율은 변하지 않고, 따라서 노동소득분배율도 변하지 않는다.[2]

피케티가 분석한 역사적 자료에 의하면 자본과 노동 간의 대체탄력성은 대체로 1.3~1.6 정도로 추정되는데, 21세기에 들어 대체탄력성이 1보다 큰 현상이 보편적이므로 앞으로도 자본소득분배율이 지속적으로 커질 것이라고 피케티는 설명한다. 또한 자본의 노동에 대한 협상력 강화도 자본소득분배율이 증가하는 데에 일조하고 있다는 것이 피케티의 설명이다. 즉 자본스톡/소득 비율이 커지더라도 자본수익률은 유의할 정도로 떨어지지 않고 장기적으로도 자본수익률이 경제성장률보다 크기 때문에 자본소득분배율이 커진다는 것이다. 설령 자본수익률이 떨어진다고 하더라도 그에 따른 (가격)효과가 자본스톡/소득 비율이 커지는 데에 따른 (양적)효과보다 작기 때문에 자본소득분배율은 커진다는 것이다. 그러나 이는 기껏해야 현재의 경제 상태란 끊임없이 변화하는 경제의 현재 시점에서의 스냅숏(snapshot)을 보여 줄 뿐, 미래에도 지속될 것이라고 말할 수 있는 논리적 근거는 되지 못한다.

피케티가 논의의 바탕으로 사용하고 있는 세 가지 식 중에서 제2식의 저축률(s)이 총소득에 대한 저축의 비율인 총저축률(gross saving rate)인지 총소득에서 자본의 감가를 제외한 순소득에 대한 저축의 비율인 순저축률(net saving rate)인지가 명확하지 않다. 그러나 피케티의 설명이 일관성이 있으려면, 크루셀-스미스(Krusell-Smith, 2014)가 지적하는 바와 같이 저축률은 순저축률을 의미해야 한다.

크루셀-스미스의 분석에 의하면 s가 순저축률을 지칭하면 성장률이 0에 수렴할 때 순소득에 대한 자본스톡의 비율(β)은 무한정 커지며, 노동소득분배율은 0에 수렴하고 총저축률은 100%가 된다. 즉 피케티의 설명은 s가 순저축률을 의미할 때 뒷받침될 뿐, 일반적인 성장이론에서 논의하는 바와 같이 s가 총저축률을 나타내면 성장률이 0에 접근하더라도 총소득에 대한 자본스톡의 비율은 자본감가와 저축률에 의해 제한된다. 또한 총저축률이 100%가 아닌 한, 성장률이 0으로 수렴하면 순저축률도 0이 된다. 즉 총저축률이 일정할 때 성장률이 0으로 수렴하면 순저축률도 0이 된다.[3]

Chapter 3

피케티의 부, 자본 소득, 노동 소득

피케티는 자본과 부(wealth)를 동일한 개념으로 사용하고 있으며, 부는 상속받은 것과 벌어서 축적한 것으로 구분한다. 따라서 경제의 저성장으로 인해 벌어서 축적하는 자본이 적을 경우에는 상속받은 부의 중요성이 커지며, 그로 인한 부의 편중 현상이 커진다는 설명을 하고 있다. 그런데 피케티는 민간과 정부가 소유하고 시장거래를 할 수 있는 모든 형태의 자산의 총시장가치를 자본으로 정의하고, 여기에는 비금융자산(토지, 거주주택, 상업적 재고, 건물, 기계류, 간접자본, 로열티, 지적 재산, 기타 유무형의 전문 자산)과 금융자산[은행예금, 상호자금(mutual funds), 채권, 주식, 기타 금융투자 자산, 보험, 연금 등(순 개념)] 등을 포함시키고 있다. 즉 자본을 개념적·실질적으로 분해하기 어렵기 때문에 소유하는 자산 전체로 집계하고, 이에 대한 수익률을 자본수익률로 계산한다. 이는 이윤율이나 이자율보다 더 광범위한 개념이라고 피케티는 설명하고 있다. 한편 노동소득에는 임금, 월급, 보너스, 비임금 노동소득, 기타 법적으로 노동과 관련된 소득이 모두 포함된다.

그렇다면 피케티는 자본을 적절하게 정의하고 있을까? 우선 주류 경제학이라고 불리는 신고전학파 경제학에는 자본 이론이 없다. 따라서 피케티가 사용한 자본 개념은 그 속성이 정확하지 않고 모호한 것이다. 당연히 그에 따른 자본 집계에는 문제가 많다.

우선 자본의 개념과 기능을 살펴보자. 생산 활동에 투입되는 생산요소에는 자연 자원(nature-given)인 노동과 토지, 그리고 자본재(capital goods)가 있다. 그런데 자본재는 노동과 토지가 투입되어 만들어진 생산요소다.[4] 자본가는 자신의 시간선호에 따라 자원을 소비와 저축으로 배분한다.[5] 자본재는 자본가의 저축으로 획득된 재화를 말하며, 자본(capital)은 그러한 자본재의 총화폐가치를 의미한다. 따라서 자본은 시장경제에만 존재할 수 있는 개념이며 자본재 가격이 없는 사회주의 경제에는 자본재는 있지만 자본은 없다.

그렇다면 자본가는 왜 자신의 저축을 바탕으로 자본을 공급하는가? 근로자와 토지 소유자는 각각 생산에 필요한 노동 서비스와 토지 서비스를 제공할 수 있다. 그런데 이런 자원으로부터 나오는 서비스는 당장 소비할 수 있는 식품, 의복, 주택, 여가 등의 '현재의 자원'이 아니라 시간이 걸리는 생산에 투입되어 미래의 제품 완성에 기여하는 '미래의 자원'이다. 따라서 누군가 이러한 현재의 자원을 제공할 수 있는 사람이 있어야 하는데, 그 사람이 바로 자본가다. 자본가는 자신의 저축을 바탕으로 이들에게 현재의 자원을 제공하고 이들이 가진 미래의 자원을 구매, 생산 활동에 투입하여 제품을 생산해서 시장에서 판다.

그렇다면 자본가가 얻는 소득의 원천은 무엇인가? 자본재는 자연적 생산요소인 노동과 자본이 투입되어 생산된 생산요소다. 따라서 이를 팔아 얻는 총소득의 일부는 노동과 토지에 분배되고 나머지는 시간의 비용인 이자로서 자본가에게 돌아간다. 따라서 자본가가 얻는 소득은 이자다. 흔히 이자를 자본재에 대한 보상으로 생각하는 경향이 있으나 이자는 시간에 대한 보상이다. 물론 제품을 생산과 동시에 판매한다면 여러 단계에 걸친 생산과는 달리 생산에 시간이 걸리지 않기 때문에 자본가가 자본을 투입할 필요가 없으므로 이자소득은 없다. 그러나 대부분의 제품은 시간이 걸리는 여러 단계를 거쳐 생산되므로 자본가는 그동안에 노동과 토지 소유자에게 현재의 자원을 제공하고 이자소득을 얻는다.

중요한 사항은 위에서 설명한 바와 같이 자본재는 자연적 생산요소를 활용하여 만들어진 생산요소이므로 자본재가 얻는 총소득은 모두 자연적 자원인 노동과 토지에 대한 보상인 임금과 지대, 그리고 시간에 대한 보상인 이자로 귀속된다는 점이다. 따라서 자본재 자체에 귀속되는 순소득은 없다. 또 한 가지 유의할 점은 시간이 걸리는 생산 도중에 처음 예상과 다른 상황이 발생하지 않아야 시간에 대한 보상인 이자소득이 실현될 수 있는데, 미래의 불확실성을 성공적으로 통찰하는 데 따른 보상인 이윤은 자본가적 기능이 아닌 기업가적 기능에 대한 보상이라는 것이다. 따라서 자본가-기업가가 얻는 소득에는 이자와 이윤이 혼재되어 있고, 이 둘을 개념적으로는 분리할 수 있지만 실제로는 매우 어렵거나 불가능하다.

그렇다면 기업가적 의사결정에 따른 보상으로 얻어지는 이윤과 손실의 존재는 무엇인가? 주류경제학에서 이윤은 제품을 팔아 얻는 총수입에서 이를 생산하는 데 들어가는 총비용을 차감한 것으로 정의한다. 그러나 이는 순수입이라고 정의하는 것이 타당하고, 여기에는 이자와 이윤이 함금처럼 뒤섞여 있다. 기업가가 얻는 이윤의 원천인 불확실성은 사례별 확률(case probability)과 관련되는데, 어떤 사건이나 현상을 집단 내에 동질화할 수 없는 경우다. 그런 사건이나 현상은 유사한 점도 있지만 각 사건이나 현상별로 고유하므로 동질적인 것이 아니다. 즉 우리가 그런 사건이나 현상에 대해 아는 사항도 있지만 모르는 사항도 많다. 따라서 경험적 확률과 평균적 피해액을 알 수 없다. 당연히 보험시장이 생기지 않는다.[6]

이런 사실로부터 기업가가 얻는 이윤의 특성을 알 수 있다. 기업가의 기능은 뭔가 시장에서 저평가(underpriced)된 생산요소를 발견하고 이를 이용하여 상품을 생산한 후 팔아서 이윤을 남기는 것이다. 어떤 생산요소가 저평가되었다는 사실은 시장의 일반적 예상이 그 생산요소가 미래에 얻을 수 있는 보상인 할인된 한계가치생산(DMVP, Discounted Marginal Value Product)을 과소평가하는 실수를 저지르고 있다는 것을 의미한다. 이를 다른 동료보다 더 예리하게 발견하고 실천한 기업가는 성공할 경우 그에 대한 보상으로 이윤을 얻는다. 즉 생산요소의 가격이 잠재적 DMVP보다 더 낮게 평가되었다는 것을 간파하고 그 요소들이 더 가치 있게 배치될 곳을 예견하여 소비자들에게 더 잘 봉사함으로써 이윤을 얻는다. 물론 더 높은 잠재적 DMVP는 오로지 소비자들의 수요로부터 발생한다.

문제는 특정 생산요소가 저평가되었다는 기업가의 사전적(事前的) 판단이 옳았는지 아닌지는 생산한 상품을 시장에서 팔아보는 상업 실험(commercial experiment)을 통해서 사후적(事後的)으로만 알 수 있다는 것이다. 즉 기업가의 미래에 대한 예측은 불확실하다. 그런 예측이 옳은 것으로 밝혀지면 이윤을 얻지만 틀린 것으로 밝혀지면 손해를 본다. 그런데 기업가들의 행동에는 다소 유사한 점도 있지만 각자에게 고유한 것이어서 알 수 없는 사항도 많다. 즉 기업가의 성공과 실패 확률은 빈도 확률이 아니라 사례별 확률에 속한다. 따라서 기업가가 얻는 이윤의 원천은 사례별 확률과 관련된 불확실성이며 바로 이 이윤이 기업가가 얻는 소득이다.

또한 이윤은 장기적으로 사라지는 경향이 있다. 현명한 기업가가 시장에서 뭔가 저평가된 생산요소를 발견하고 이를 활용하여 미래에 완성되는 제품을 팔아 이윤을 얻으면, 다른 경쟁자들도 이 사업에 진입하므로 생산요소에 대한 수요가 증가하여 생산요소 가격은 오르는 반면에 제품 생산량은 늘어 그 가격이 떨어지기 때문이다. 그러므로 평균 이윤율, 정상 이윤율, 균형 이윤율 등은 정의될 수 없는 개념이다. 이는 손실률이 정의될 수 없는 이치와 마찬가지다. 따라서 이윤은 양(量)으로 표시될 뿐이며, 자본은 자동적으로 이윤을 낳는 것이 아니고(Capital does not beget profits) 전적으로 기업가적 의사결정의 산물이다.

결론적으로 자본재는 생산된 생산요소이고 이러한 자본재를 자본가-기업가가 소유하는 것은 맞지만, 자본재의 할인된 한계가치생산에 의거한 총소득은 노동에 대한 임금, 토지에 대한 지대, 그리고 시간에 대한 이자로 분배되므로 자본재가 얻는 순소득은 없다. 따라서 피케티가 유무형의 자본재와 자산을 혼합한 것에 대한 소득을 자본소득으로 간주하는 것은 치명적 오류다. 노동과 토지에 귀속되는 소득을 자본소득에 포함하여 집계하기 때문이다. 이러한 논리적 개념에 비춰 보면 피케티의 분석은 즉시 무너져 내린다. 이는 물론 피케티의 문제라기보다는 주류경제학에 자본 이론이 없다는 문제이며, 이는 다시 경제학 자체의 문제로 귀결된다.

Chapter 4

피케티의 분석과 정책 제안에 대한 종합적 비판

피케티는 국가의 역할을 중시하는 바, 자본주의의 근본 원리이자 번영의 원천인 사유재산제도를 부정하고 강력한 국가개입주의를 주장하고 있다. 이는 교육과 건강관리, 그리고 연금에 대한 국가의 역할을 중요시하는 점에 잘 나타나 있다. 국가의 역할을 중요시하는 만큼 국민소득의 많은 부분을 국가가 쓸 수 있어야 한다고 강조한다. 이를 위해서는 상위 계층이 보유하는 자본스톡에 대해 누진세를 매겨 부의 불평등을 완화하고 세수를 확보해야 한다는 것이다. 예를 들어 100만 유로 이하의 자본스톡에는 0.1~0.5%, 100만~500만 유로에는 1%, 500만~1,000만 유로에는 2%, 그 이상에는 5~10%의 세금을 매기는 것 등이다. 그리고 누진세야말로 사회적 정의와 개인의 자유를 이상적으로 타협할 수 있는 방법이라고 주장한다. 또한 미국 CEO들의 연봉이 아주 높아진 이유는 생산성 향상보다는 그들 간의 담합과 고소득층에 대한 (한계)세율이 낮아졌기 때문이며, 따라서 이에 대해서도 높은 누진 소득세를 매겨야 한다는 주장이다. 예를 들어 50만~100만 달러의 소득에 대해서는 80%, 20만 달러에 대해서는 50~60%의 한계세율을 적용해야 하며, 이는 미국의 경제 성장을 저해하지도 않을 것이며 또 성장의 과실을 넓게 나누는 방법이라는 설명이다.

또한 현재 각국이 지고 있는 국가 부채를 감축하는 방법으로서도 부유층이 보유하고 있는 자본스톡에 대한 누진세가 가장 좋은 방법이라고 제안하고 있다. 인플레이션은 지금까지 각국 정부가 국가 부채를 감축해 온 통상적인 방법이지만, 이는 부차적인 부정적 효과가 동반될 수 있으므로 누진세보다는 열등한 방법이라는 설명이다. 한편 근검·절약하는 방법은 국가 부채를 감축하기에는 시간이 너무 오래 걸릴 뿐만 아니라 교육, 건강 증진, 그리고 연금 등에 써야 할 정부 지출이 크게 감소하므로 바람직하지 않다는 견해다.

요약하면 피케티의 정책 제안은 부자에게 누진세를 매겨 부의 편중 현상을 막고, 그렇게 걷은 세금은 복지국가 건설에 투입해야 한다는 주장이다. 한마디로 부자 증세요, 국가개입주의적 사고다. 피케티의 이런 주장에는 다음과 같은 심각한 문제가 있다.

첫째, 무엇보다도 피케티가 이론적 바탕으로 사용한 신고전학파의 경제학에는 자본 이론이 없다. 따라서 그는 부와 자본을 동일시하고 금융 및 비금융 자산 등의 모든 자산을 자본스톡으로 집계함으로써 자본과 자본소득이 부풀려지는 치명적 오류를 범하고 있다. 이는 물론 피케티가 의도적으로 그런 것이 아니라 그가 의존하고 있는 주류경제학에 자본에 대한 명확한 정의가 없기 때문이다. 위에서 설명한 바와 같이 자본재는 자본가가 노동과 토지 등의 자연적 자원의 생산성을 높이기 위해 소득 중에서 소비하지 않고 저축한 것을 바탕으로 획득한 재화로서 생산된 생산요소이다. 따라서 자본재로부터 나오는 총소득은 이를 생산하기 위해 투입되는 노동과 토지, 그리고 시간의 비용인 이자로 처분되므로 자본재 그 자체에 귀속되는 순소득은 없다. 자본을 공급하는 자본가-기업가의 소득은 자본가적 기능에 귀속되는 이자와 기업가적 기능에 귀속되는 이윤으로 구성되며, 이 둘은 합금처럼 뒤엉켜 있다.

자본가-기업가에 대한 고찰이 없는 경제학은 부가 축적되고 경제 성장이 이뤄지는 과정에 대한 분석을 할 수 없으며 끊임없이 동적으로 변화하는 경제의 움직임을 포착하지 못한다. 이런 점을 고려하면 피케티의 정의에 따른 자본 집계와 이후의 분석은 원천적으로 그 의미를 상실한다.

또한 피케티는 낮은 성장률 아래에서 상속 자본이 중요하므로 부의 세습이 고착되어 편중 현상이 지속된다고 하지만, 상속받은 자본을 어떻게 활용하느냐에 따라 상속자의 부의 상태는 얼마든지 달라질 수 있다. 즉 자본은 그 자체로서 부를 낳는 것이 아니며, 기업가적 의사결정의 결과에 따라 부가 증가하기도 하고 감소하기도 한다. 아무리 많은 부를 상속받았다고 하더라도 상속자가 어떻게 투자하고 관리하느냐에 따라 부가 증가하기도 하고 감소하기도 한다. 이는 곧 부의 상위 계층은 물론 각 계층에 언제나 같은 사람들이 속하지는 않는다는 사실을 의미한다. 피케티의 해석은 자본은 그 자체로서 이

자나 이윤을 낳는다는 오류로부터 연유하는 것이다.

한편 신고전학파의 분석틀을 수용하더라도 제2식은 s가 순저축률이면 성장률이 0에 수렴할 때 자본스톡/순소득 비율은 무한정 커지지만, s가 총저축률을 나타내면 성장률이 0에 접근할 때 총저축률이 100%가 아닌 한, 순저축률은 0이 된다. 즉 총저축률이 100%가 아닌 수치에서 일정하고 경제성장률이 0에 수렴하면 순저축률이 0이 된다.

둘째, 피케티는 사유재산 제도를 사실상 부정하고 있다. 인류의 부는 사유재산 제도가 정착됨에 따라 축적되기 시작했고, 사유재산 제도는 개인에게 폭넓은 유인을 제공함으로써 그 이전과는 비교도 할 수 없을 만큼 인류의 물질적·정신적 삶을 풍요롭게 해 왔다. 피케티는 부유층이 보유하는 자본스톡에 높은 부유세를 매기더라도 부자들의 자본 또는 자산 규모가 그대로 유지되고 경제 성장이나 자본가적 기능에 별다른 영향을 미치지 않을 것이라고 설명한다.

그러나 이는 인간은 유인에 반응하는 존재라는 사실을 크게 간과한 것이다. 아무리 부유층이라고 하더라도 자신들이 보유하는 자본스톡에 높은 세금을 매기면 자본스톡의 규모는 빠른 속도로 줄어들어 경제 성장에 부(負)의 영향을 미치게 된다. 자본 이동에 대한 국제적 공조가 투명하게 이뤄져 정보를 공유하고 글로벌 자본세를 매기면 자본의 도피는 막을 수 있을지 모르지만, 자본가-기업가들이 자본을 축적할 유인을 상실하게 되어 부(富) 자체를 파괴하게 된다. 국가가 세금을 무기로 사유재산을 통제하는 것은 사회주의로의 회귀를 의미하며, 그 결과에 대해서는 더 이상의 논의가 필요하지 않을 것이다.

셋째, 피케티는 역사적 자료를 바탕으로 최근의 성장률 저하 현상을 보이고 21세기에도 그러한 추세가 이어질 것이라고 전망하고 있으나, 성장률이 낮아진 이유와 또 앞으로도 낮아지리라는 것에 대한 논리적 설명을 제공하고 있지 않다. 이는 그의 설명이 견실한 이론을 바탕으로 하지 않고 다만 장기간의 자료 해석에 치중하고 있기 때문이다. 물론 경제성장에 영향을 미치는 요인은 경제학자들도 다 알 수 없을 정도로 많다. 그럼에도 불구하고 이론이 없이는 현상을 볼 수 없다.

자료를 해석하는 귀납적 방법으로는 인간 행동과 그에 따른 집체적 결과에 대해 개연성 정도만 말할 수 있을 뿐, 자본축적과 성장 간의 일방적 관계나 쌍방적 관계를 말할 수 없다. 21세기에 들어서도 성장률이 낮을 것이므로 자본축적이 가속화된다는 현상이 조정 과정 중에 있는 일시적 현상인지 자본주의에 내재된 필연적 결과인지에 대해 말할 수 있는 논리를 그는 제시하지 못한다. 21세기 들어 성장률 하락은 오히려 국가의 민간경제에 대한 개입 심화, 경기 부양을 위한 통화 공급 확대, 특히 복지국가 건설을 위한 주요 각국의 증세 등에서 연유하는 것으로 판단하는 것이 더 타당할 것이다.

그런 사정은 1920년대 미국의 상위 계층이 주식 보유에 따른 자본 이득을 많이 얻어 국민소득에서 차지하는 비중이 높아졌다고 설명하는 바로 그 통계에 잘 나타나고 있다. 영어 번역본 24쪽의 〈그림 1.1〉은 미국의 상위 10%의 국민소득 점유 비율이 1910년 이전 40%에서 1929년 대공황 직전 50%로 상승했고, 이후 35%까지 떨어졌다가 1995년에 40%로 복귀한 후 2008년 금융위기 당시 다시 50%로 상승했음을 보여 주고 있다.

여기에서 유의할 만한 사실은 1929년의 대공황과 2008년 글로벌 금융위기를 전후하여 상위 10%의 소득 비중이 50%로서 최고치를 보이고 있다는 점이다. 즉 통화팽창으로 인한 두 거품 시점에 소득 불균형이 정점에 이르렀다는 것이다. 이러한 현상은 통화 당국이 통화 공급을 늘리면 물가가 오르기 전에 화폐를 입수한 사람들의 구매력은 하락하지 않아 이득을 얻는 데 반해, 물가가 오른 다음에 화폐를 입수한 사람들의 구매력은 하락하여 이득을 얻을 수 없어 소득불균형이 심화된다는 사실을 보여 주는 것이다. 따라서 대공황과 2008년 금융위기를 전후한 소득불균형이 정점을 보이는 현상은 통화 당국이 통화 공급을 대폭 늘렸기 때문에 생긴 것이다. 이는 곧 소득과 부의 불균형은 자본주의 체제 내에 내재된 것이 아니라 상당 부분 정부에 의한 통화 조작에 의한 것이라는 이론을 뒷받침하는 것이다.

물론 대공황과 2008년의 글로벌 금융위기에 대한 논쟁은 아직도 진행 중이다. 피케티는 2008년의 금융위기가 1930년의 대공황처럼 파국에 이르지 않은 것은 정부와 통화 당국이 적절하게 유동성을 공급하여 금융 시스템 붕괴를 막았기 때문이라는 견해를 피력하고 있으나, 두 사건은 통화 팽창이 원인이 되어 발생한 것이다. 즉 금융위기는 경기 부양을 위한 통화 팽창으로 시중 금리가 낮아진 것을 기업가들이 사람들의 시간선호에 따른 이자율이 낮아지고 저축이 늘어난 것으로 착각하여 과오투자(malinvestment)를 한 결과로 빚어진 것이다. 이후 미국의 연방준비이사회가 경기 부양을 위해 이른바 양적 완화라는 이름 아래 통화 공급을 더욱 확대하고 있으나, 이는 과오투자가 정리되는 시장 과정을 방해하여 불황 탈출을 더욱 어렵게 하고 있다.[7]

넷째, 국가의 역할에 관한 사항이다. 피케티는 교육, 건강 증진, 연금 등을 당연히 정부가 책임져야 할 사안으로 인식하고 있으나, 이는 필연적으로 인기 영합적인 정책을 남발하고 지속성을 어렵게 하여 결국 파산의 운명을 면하지 못하는 결과를 초래할 뿐이다. 저소득층을 위한 복지 정책은 나이, 성, 계층 등의 집단 기준이 아닌 '가난'한 개인들을 대상으로 선별적으로 시행하는 것이 지속가능하며 개인들의 정신 건강을 해치지 않는 최선의 방법이다.

다섯째, 국가 부채의 감축 방안에 대한 피케티의 제안 중 부유층이 보유하는 자본스톡에 대해 누진세를 매기는 것과 인플레이션에 의한 것은 사실상 국가가 국민의 재산을 강탈하는 것이다. 국가의 가장 중요한 책임은 국민의 생명과 재산을 보호하는 것인데, 피케티의 제안은 그런 국가의 책무에 정면으로 어긋나는 것이다. 국가의 재정적 어려움은 전쟁이나 자연재해로 인한 기간시설 파괴와 난민 구제 등의 불가피한 사유로 발생하기도 하지만, 근래에는 복지국가 건설이라는 명분 아래 행해지는 선심성 지출로부터 연유하는 경우가 대부분이다. 국방과 치안 등을 제외한 분야는 국가보다 더 효율적인 민간 부문에 맡기고 국가가 근검·절약의 정신으로 재정을 운영한다면 국가부채의 해소에 다소 시간이 걸릴 수 있지만 민간의 경제 활동을 방해하지 않고 해결될 수 있다.

여섯째, 피케티는 자신이 수집한 역사적 자료에 의하면 자본수익률이 낮아지지 않는다는 것이다. 이는 자본축적이 진행될수록 자본수익률이 낮아진다는 이론적 사실과 상반되는 것이지만, 현재의 경제가 그러한 과정에 있다고 해석한다면 하등 문제될 것이 없다. 도리어 그의 지적처럼 자본수익률이 낮아지지 않고 있다면 자본은 현재도 유용한 생산요소이며, 이는 곧 경제 성장에 청신호가 될지언정 적신호는 아니다.

일곱째, 피케티는 사람들이 타고난 재능이나 노력에 의한 불균형은 정당화가 가능하고 도덕적이지만, 상속 자본에 의한 부의 불균형은 그렇지 않다고 주장한다. 그러나 개인이 물려받은 두뇌나 특정 재능과 같은 인적 요소와 부와 같은 물적 요소 간에는 본질적인 차이가 없다. 도리어 일부 사람들은 물적 요소보다는 인적 요소를 열등하게 물려받은 데 대한 불만을 더 크게 나타낼 수도 있다. 그럼에도 불구하고 사람들이 인적 상속보다는 물적 상속의 불평등을 부도덕하다고 말하며 분노하는 이유는 인적 요소는 약탈할 수 없지만 물적 요소는 약탈이 가능하다는 심리에서 발로하는 것이다.

여덟째, 피케티가 제안하는 자본스톡과 고소득에 대한 누진세는 이른바 분배적 정의를 실현하려는 것인데, 분배적 정의란 모든 자원의 배분이 국가에 의해 이뤄지는 것을 뜻하고, 이는 다시 서로 다른 사람들이 하는 일에 관한 결정이 일반 준칙이 아니라 국가의 특수한 목적과 지식에 의해 이뤄짐을 의미한다. 이는 법치의 훼손이다.

아홉째, 개인들 간의 부와 소득의 불평등은 시장경제의 본질적 특성이다. 그러나 자원이 유한한 인간 세상에서 시장경제의 가격구조는 노동 분업을 통한 개인 간의 협동을 촉진하고 생산에 기여하도록 하며, 소비자들이 그러한 기여에 부여하는 가치에 따라 등급이 매겨지는 보상을 한다. 그렇게 함으로써 시장경제는 모든 개인들이 자신의 능력과 특장을 최대한 발휘할 수 있는 유인을 제공한다. 개인 간 타고난 능력과 특장에 따라 생기는 불평등은 자연스러운 현상이다. 국가가 누진세 등의 방법을 통해 강제로 불평등을 평등하게 만들려고 한다면 불가피하게 개인의 자유를 침해하고 종국적으로는 모든 개인을 노예화하게 되며, 그 결과는 인류 문명의 파괴다.

마지막으로 피케티의 주장대로 부의 분포가 불평등하다는 사실을 받아들인다고 하더라도 인류가 부를 축적하는 과정에서 최하층 계층의 물질적 삶도 비약적으로 향상되어 왔다는 것은 부정할 수 없는 진실이다. 피케티의 제안대로 불평등을 해소하면 이들의 삶은 지금보다 한결 더 나아질 것인가?

Chapter 5

맺음말

사람들은 자신의 이익을 위해 행동하는 데는 매우 영민하지만, 모든 사람들이 자신들의 행동으로부터 빚어지는 사회의 집체적 현상에 대해 논리적으로 이해하기를 바라는 것은 사실상 불가능하다. 그러나 사회 현상에 대한 대중의 인식이 비록 타당하지 않더라도 대중의 인식이 그러하다면, 이를 문제로 받아들일 수밖에 없는 것이 대중민주주의 시대를 살고 있는 우리의 현실이다. 일반 대중의 이러한 특성을 감안하면 피케티의 주장은 한국을 비롯하여 많은 나라들이 부의 불평등 해소와 복지국가를 지향하고 있는 지금, 상당한 호응을 얻을 수도 있다. 그런 점에서 피케티의 책을 무조건 평가절하하는 것은 경계해야 할 일이다. 그러나 부의 불평등 현상이 진정 우리 시대의 문제라는 사실을 받아들인다고 하더라도, 피케티의 분석과 진단은 국가가 거의 모든 일을 주도해야 한다는 국가개입주의 사고에

뿌리를 두고 있어 궁극적인 문제 해결책이 아니라는 사실은 강조되어야 한다. 피케티의 제안은 제3의 길을 넘어 사실상 사회주의로 회귀하자는 주장으로부터도 멀지 않다.

인간의 행복 추구에 가장 중요한 요소인 물질적 토대의 강화와 관련되어 국가가 노력할 수 있는 일은 빈곤 퇴치이며, 이를 위해 국가는 자유주의 정책을 따라 자본주의 시장경제의 창달에 더욱 힘써야 한다. 부자에게 세금을 매겨 가난한 사람들에게 나눠 주는 식의 불평등 해소 정책으로는 결코 빈곤을 퇴치할 수 없을 뿐만 아니라, 지금까지 인류가 쌓아올린 물질적 토대와 문명 자체를 파괴하는 결과를 낳기 때문이다. 이는 사회주의의 몰락과, 그 이후 잠시 고개를 들었던 제3의 길의 도태가 여실히 증명하고 있다. 경제의 성장 과정에서 소득과 부의 격차는 커질 수도 있고 작아질 수도 있다. 그러나 한 가지 분명한 사실은 가장 못 사는 사람들의 생활 수준도 꾸준히 개선되어 왔고 앞으로도 개선되어 갈 것이라는 점이다. 그리고 그러한 성장의 원동력은 저축을 바탕으로 한 자본의 축적에 있다는 사실은 강조돼야 한다. 지금 이 시점에서 우리가 상기할 수 있는 경구는 밀턴 프리드먼(Milton Friedman)의 "자유를 추구하는 사회는 자유와 평등을 동시에 얻을 수 있지만 평등을 추구하는 사회는 자유와 평등을 모두 잃는다"라는 것이다.

참고문헌

Branson, William H., 『Macroeconomic Theory and Policy』, 2nd edition, Harper & Row, Publishers, 1979.

Hayek, Friedrich von, 『The Constitution of Liberty』, The University of Chicago Press, 1960.

Krusell Per and Tony Smith, "Is Piketty's "Second Law of Capitalism" Fundamental?" momeo. 2014.

Mises, Ludwig von, 『Human Action』, Alabama: Ludwig von Mises Institute, 1998[1949], 민경국·박종운 공역, 『인간행동』, 지식을 만드는 지식, 2011.

Piketty, Thomas, 『Capital in the Twenty-First Century』, translated by Arthur Goldhammer, President and Fellows of Harvard College, 2014.

Rothbard, Murray N., 『America's Great Depression』, Bnpublishing, 2008.

Rothbard, Murray N., 『Man, Economy, and State: A Treaties on Economic Principles』, Ludwig von Mises Institute, 2001[1962], 전용덕·김이석 공역, 『인간, 경제, 국가』, 자유기업원, 자유주의 시리즈63, 2006.

Schwartz, Pedro, "Piketty Fever," Library of Economics and Liberty, June 5, 2014.

주

1. $t^{\lambda}F(K, L) = F(tK, tL)$가 성립하는 함수를 λ차 동차함수라고 하는데, 코브-더글러스 생산함수 형태인 $F(K, L) = AK^{\gamma}L^{1-\gamma}$ 에서 $\gamma + (1-\gamma) = 1 = \lambda$ 이므로 1차 동차함수다. 여기에서 F는 생산함수, K는 자본, L은 노동이며 t, λ, γ는 상수이다.

2. 자본스톡이 변할 때, 대체탄력성(σ)에 따른 자본소득분배율의 변화는 다음의 식으로 설명할 수 있다. $\frac{\partial S_K}{\partial K} = A\left(1 - \frac{1}{\sigma}\right)$, $A = \frac{F_L F_K L}{F^2}$ 이며 $\frac{\partial S_K}{\partial K}$는 자본스톡이 변할 때 자본소득분배율 변화를 나타내는 식이다. F는 생산함수, L은 노동, F_K와 F_L은 각각 자본과 노동의 한계생산을 나타낸다. 따라서 대체탄

력성이 1보다 크면 자본스톡이 증가할 때 자본소득분배율이 높아지고 0과 1 사이의 크기이면 자본소득분배율은 떨어진다. 또 1이면 자본소득분배율은 변하지 않는다.

3. $\tilde{s}=\frac{\tilde{i}_t}{\tilde{y}_t}=\frac{sy_t-\delta k_t}{y_t-\delta k_t}=\frac{s-\delta\frac{k_t}{y_t}}{1-\delta\frac{k_t}{y_t}}$, 장기 균형상태에서 $\frac{k_t}{y_t}=\frac{s}{g+\delta}$ 이므로

이를 대입하면 $\tilde{s}=\frac{gs}{g+\delta(1-s)}$을 얻을 수 있다. 여기에서 $\tilde{s}$는 순저축률, $\tilde{i}_t$는 순투자, $\tilde{y}_t$는 순소득, k_t는 자본스톡, g는 경제성장률, s는 총저축률, δ는 자본 감가율을 의미한나. 이 식에서 s가 1이 아니면 g가 0에 수렴할 때, $\tilde{s}$도 0에 수렴한다. 자세한 내용은 크루셀-스미스 참조.

4. 광물 등의 원자재는 일반적으로 토지에 속한 것으로 간주한다.

5. 시간선호란 사람들이 미래의 자원보다 현재의 자원을 선호한다는 것이며, 따라서 미래(현재)의 자원은 현재(미래)의 자원에 대해 할인(할증)되는데, 이는 이자 현상으로 나타난다.

6. 기업가가 당면하는 불확실성(uncertainty)과 위험(risk)은 개념적으로 다른 것이다. 위험은 급간 또는 빈도 확률(class probability)과 관련된 것이다. 즉 위험은 특정 사건이나 현상이 속하는 동질적 특성을 가진 집단(class) 전체에 대해서는 우리가 아는 것이 있으나, 그 특정 사건이나 현상에 대해서는 그것이 그런 집단에 속한다는 사실 외에는 우리가 알 수 있는 것이 전혀 없는 경우에 발생한다. 예를 들어 어떤 제품을 만드는 회사의 품질보증 담당관은 과거의 축적된 자료를 이용하여 불량률이 평균적으로 이를테면 1%라는 사실을 알 수 있지만, 어떤 제품이 불량품이 될 것인지에 대해서는 전혀 아는 바가 없는 경우가 이에 해당한다. 이런 경우 경험적 확률과 그에 따른 손해액을 알 수 있는 위험이 발생하며, 이는 비용으로 계산된다. 따라서 위험은 이윤의 원천이 아니다. 또 이 경우에는 위험 분산을 위한 보험시장이 생긴다.

7. 금융위기를 포함한 경기순환의 발생 원인과 진행 과정, 결과, 그리고 탈출 방법에 대해서는 미제스의 『Human Action』 제20장 참조.

부록1 피케티 모형

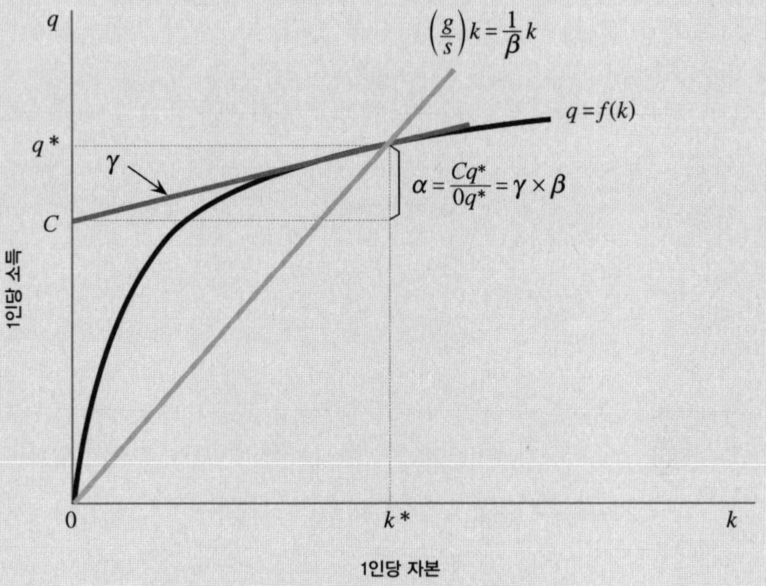

피케티 모형

Part 7

경제평등의 열풍에 답한다

:

경제적 불평등은 경제번영의 필요조건이다

좌승희 (KDI 국제정책대학원 교수)

Chapter 1

인기를 누리는 경제평등의 이념

오늘날 한국사회는 물론 세계는 자유시장을 신봉하는 자유주의와 정부의 적극적인 시장개입으로 경제적 평등을 추구하려는 반자유주의적인 좌파 평등주의 사고가 끝없이 충돌하고 있다. 최근 세계적으로 장기적인 경제성장 정체와 일자리 공급부족으로 중산층이 무너지고 경제적 불평등이 증가하면서 많은 경제학자, 정치경제학자, 사상가들이 이 문제들이 자본주의 경제의 본질적 모순에서 연유한다고 보고 있다. 그리고 이를 방치하면 사회갈등을 심화시켜 성장을 더 어렵게 할 것이기 때문에 보다 적극적인 소득과 부의 재분배 정책을 통해 자본주의 모순을 해소하여 보다 평등한 사회를 건설해야 한다고 주장한다. 2008년 미국의 금융위기 이후의 이른바 '월가 시위(Occupy Wall Street)' 운동이나 지금의 피케티 열풍도 이런 흐름과 같은 선상에 있다고 할 수 있다.

역사는 대체로 자유가 없이 경제적 번영은 어렵다고 증언하고 있다. 개인의 재산권과 경제적 자유의 보장이 경제적 번영의 충분조건은 아니라 할지라도 필요조건은 된다고 가르친다. 대체로 틀린 주장은 아니라는 것이 역사의 교훈이다. 하지만 반자유주의 좌파들은 경제번영보다도 경제평등이 먼저라고 항변한다. 경제평등이 그들이 추구하는 이념일 뿐만 아니라 경제적 불평등은 그 자체로서 사회갈등을 조장하여 번영에 장애가 된다고 주장한다.

우선 좌파 반자유주의자들은 이 세상, 즉 우리가 사는 자본주의 시장경제는 마르크스가 강변한 것처럼 가진 자와 못 가진 자 사이의 계급투쟁을 통해 전자가 후자를 착취함으로써 경제적 불평등을 초래하는 모순된 사회라고 보고 이를 교정하여 경제적으로 평등한 사회를 만드는 것이 이상사회 실현의 길이라고 믿는다. 그리고 설령 마르크스의 이념을 신봉하지 않는다 하더라도 자본주의 경제에서 나타나는 경제적 불평등은 또한 그 자체로서 사회적 갈등을 초래하여 못 가진 자들의 일할 동기를 차단함으로써 경제번영의 장애가 된다고 주장한다.

오늘날 전 세계 대부분의 민주주의 국가들은 사회민주주의를 이미 채택하고 있거나 그러한 방향으로 이행하고 있다. 마르크스적인 노동자 무력혁명이 아니라 민주혁명을 통해 평등사회를 실현하자는 사회민주주의가 선·후진국을 가리지 않고 자유시장민주주의보다 훨씬 높은 세상의 인기를 얻고 있는 것이다. 오늘날 한국에서 정치적 인기를 얻고 있는 '경제민주화' 주장도 바로 사회민주주의 이념과 대동소이한 개념인 셈이다. 이들의 공통된 이념적 가치는 '경제적 평등'의 달성이다.

한국인의 다수의 이념도 점차 '경제적 번영'을 버리지는 않았다 하더라도 '경제적 평등'에 더 높은 가치를 두는 듯하다. 그렇지 않고서야 어찌 표심에 눈치 빠른 여·야당 모두가 이구동성으로 경제민주화를 부르짖고 허구한 날 대기업 규제에 열중하고 동반성장을 부르짖겠는가? 또한 그렇지 않고서야 어떻게 오늘날 한국사회가 1% 부유층을 경제양극화의 주범이라 공격하는 운동이나 이른바 '자본주의 4.0'이라는 보다 평등한 체제로 개혁해야 한다는 주장에 공분하고, 정의와 공정에 평등의 개념을 입히는 데 혈안이며, 우파 정부라는 이명박 정부마저 동반성장, 공생발전의 이념적 기치를 들었겠는가? '경제적 불평등'을 자본주의 시장경제의 모순적 산물이라는 좌파 반자유주의자들의 끈질긴 주장이 세상의 인기를 만끽하고 있는 것이다.

Chapter 2

시장자유주의자들의 딜레마

그럼 시장자유주의자들은 그동안 무엇을 해 왔는가? 필자에게 비치는 시장자유주의 진영의 대응에는 크게 세 가지의 아킬레스건이 있어 보인다. 첫째는 자유주의자들은 자유가 경제번영의 필요조건임을 열심히 항변하지만, 이 시대의 화두인 '경제적 불평등'이 왜 생기며 해결책이 있기나 한 것인지에 대한 담론이 없다. 따라서 평등의 가치에 매몰된 청중을 끌어들이기에 역부족일 수밖에 없고, 경제번영은 메아리 없는 아우성이 되고 만다. 자유가 번영을 가져온다면 왜 불평등은 생기는지, 그리고 평등을 추구하면 결과는 어찌되는지에 대한 담론이 없으니 현실적 호소력을 상실하게 되는 것이다.

후술하는 바와 같이 필자의 판단으로는 '자유와 평등의 가치'가 아니라 '자유와 불평등의 가치'를, 그리고 불평등이 없는 사회가 얼마나 비인간적인 사회인지를 당당하게 설파하고 설득시키지 못한다면 자유주의자들의 승리는 멀어 보인다.

또한 이 문제는, 아무리 경제적 자유가 중요하다 하더라도 그에 따르는 책임을 명확히 하지 않고 경제번영의 미사여구만을 설파해 온 자유주의자들에게도 책임이 있다고 생각한다. 경제적 자유에 따르는 책임이란 무엇을 의미하는가? 바로 자신이 남보다 번영할 수도 있으나 경제적으로 남보다 뒤떨어질 수도 있다는 사실이다. 다시 말해 경제적 불평등은 경제적 자유의 결과로서 나타나는 불가피한 현상으로 많은 경우 자신의 책임이지 사회도 국가도 책임질 수 없다는 사실에 눈을 감아서는 안 된다. 이를 설파하고 설득하지 않은 결과가 오늘날 사회주의 진영의 몰락에도 불구하고 자유주의가 설 땅을 온전히 확보하지 못하고 있는 이유라고 생각한다.

전후 수정자본주의의 등장도 바로 이런 이유와 무관하지 않았다고 생각한다. "자유는 모두를 번영하게 하지만 반드시 경제적 불평등을 수반한다. 경제적 평등을 원하면 자유도 번영도 얻을 수 없다"는 사실을 설파하고 설득하지 못한 결과라고 할 수 있다. 자신들의 경제적 불평등의 문제를 자본주의 체제, 즉 우리가 사는 세상에 책임을 돌리는 인류의 '집단적 무책임성'의 발로가 바로 오늘날 좌파적 평등주의적 이념과 정치·경제 체제가 지구촌 전체에 만연케 되는 이유라고 생각한다.

둘째로는 우리는 물론 전후 세계 민주주의 사회의 경험이 시사하는 바와 같이 민주주의의 만개가 반드시 경제적 자유의 신장에 도움이 안 된다는 사실을 직시하지 못하면 자유주의자들의 길은 여전히 험난하다. 정치적 자유를 내건 1인1표 민주주의의 만개는 반드시 민주주의의 또 다른 축인 평등을 강화하며, 나아가 표에 의해 경제적 평등을 지향하게 될 수밖에 없는 운명을 안고 있다. 이를 일컬어 필자는 자유민주주의에 대칭되는 '평등민주주의'라 칭하였다. 표의 힘을 빌린 경제적 평등의 추구는 반드시 경제적 자유를 훼손할 수밖에 없으니 민주주의를 자유이념의 지원자처럼 생각하는 자유주의자들에게 민주주의는 또 다른 아킬레스건이다. 이런 이른바 포퓰리즘(populism)적 평등민주주의를 방지할 수 있는 자유주의의 새 패러다임을 제시하지 못하는 한 자유주의는 여전히 고전을 면하기 어려울 것이다. "민주주의는 역설적으로 자칫 자유주의의 무덤이지만 좌파 반(反)자유주주의의 낙원이 될 수 있음을 명심해야 한다."

셋째로 한국의 경우에 있어서는 또 다른 자유주의자들의 아킬레스건이 있는데 이는 바로 '박정희의 성공'이다. 박정희 대통령은 그 놀라운 경제적 성공에도 불구하고 사실상은 좌파평등주의자들은 물론 시장자유주의자들로부터도 크게 환영받지 못하고 있음은 주지하는 바와 같다. 사실상 박정희 시대를 그 놀라운 경제적 성과를 설명할 수 있을 만큼 충분히 경제적 자유가 꽃핀 시대라 할 수 있는 것인가? 만일 박정희 시대가 자유의 시대가 아니라면, (자유의 시대라고 강변하기도 하지만 사실에 비춰 그리 설득력은 없어 보인다) 도대체 그 시대의 경제적 번영은 어디서 온 것인가?

한 가지 더 묻는다면, 지난 30여 년간 박정희 시대를 청산하여 정치·경제적으로 보다 자유롭고 부유한 사회를, 그래서 선진경제를 앞당긴다고 노력한 결과, 오늘날 한국경제와 사회는 어디에 서 있는가? 박정희 시대에 비해 1인당 소득은 10배 이상 늘었다지만, 저성장과 불평등은 더 심화되고 내수침체로 청년·고령실업이 증가하고 사회의 양극화는 더 심화되고 있다. 좌파들은 오히려 경제적 자유와 시장의 확대가 저성장과 양극화의 원인이라 하는데, (또한 결과적으로 그렇게 된 셈이 아니라고 할 수 있는가?) 시장자유주의자들의 답은 별로 들리지 않는다. '자유의 패러다임'으로 박정희 시대의 성공과 동시에 실패해 온 지난 30여 년을 일관되게 설득력 있게 설명하지 못한다면, 그리고 나아가 대안으로서 새로운 패러다임이라도 찾아내지 못한다면 자유주의자들의 좌파 극복은 신기루가 되고 말 것이다.

Chapter 3

동어반복의 순환론법에 빠진 경제평등주의 학파[1]

경제학이라는 학문은 기본적으로 경제적 불평등을 다루기 어려운 학문이다. 경제학이 금과옥조로 여기는 완전경쟁모형은, 모두 동일한 개인과 기업을 가정하고 있으며, 균형에서는 어느 누구도 탈락하지 않는 모두가 다 완벽하게 평등한(행복한?) 경제적 결과를 누릴 수 있게 설계되었다. 개인 간의 경제적 결과의 차이나 기업 간의 규모의 차이가 왜 생기는지를 설명할 수 없는 모형이다. 이러한 모형이 신고전파 경제성장론의 기본 바탕이 되고 있는 것이다. 그래서 주류 경제학은 경제적 불평등과 경제성장이나 발전과의 관계에 대해 뚜렷한 명제를 제시하지 못하고 있다. 이런 까닭에 주류 신고전학파 경제학은 평등주의 학파와의 동거에도 크게 불편하지 않은 것이 현실이다.

경제학 논쟁에서 흥미로운 사건 중의 하나인 1920년대의 미제스

(Ludwig von Mises), 하이에크(Friedrich A. von Hayek)의 오스트리아 학파와 랑게(Oskar R. Lange), 러너(Abba P. Lerner), 도브(Maurice H. Dobb) 등의 마르크스주의자와 신고전파가 합세한 진영 간의 사회주의 계산(가능성) 논쟁마저도 완전경쟁모형의 틀에서 진행됐고, 이 모형이 또한 사회주의 계획모형의 기초라는 사실도 흥미롭다 할 것이다. 왜 주류 신고전파 경제학을 공부한 수많은 경제학자들이 피케티처럼 손쉽게 좌파경제학자로 전환될 수 있는 것인지 이해할 수 있으리라. 더 놀라운 것은 피케티가 사용한 모델마저도 노벨상까지 받은 솔로우(Robert M. Solow)라는 주류경제학자의 완전경쟁모형에 기초한 신고전파 성장모델이라는 사실에 이르면 주류경제학이 얼마나 친좌파적 평등주의 모델인지 쉽게 이해할 수 있으리라. 20세기 초 시작된 사회주의 계산논쟁은 지금도 진행형인 셈이다.

한편, 최근 들어 전 세계적으로 경제적 불평등이 심화되면서 좌파 경제평등주의 학자들이 불평등 완화를 위한 재분배 정책의 강화를 주장하고 있는데, 대부분의 이런 주장들은 근본적으로 인과관계 규명 없는 순환논법의 오류에 빠져 있다. 그동안은 쿠즈네츠(Simon S. Kuznets)가 성장과 소득분배 간의 역(逆) U자형 관계를 발견한 이후로 경제성장과 소득 간의 유사한 상관관계를 찾아보는 실증분석 연구들이 많이 등장하였으나, 그냥 두 변수 간의 상관관계의 패턴을 분석하는 수준이었다.[2] 그런데 이 경우 두 변수가 모두 실제로는 다른 더 근본적인 제3의 잠재변수(latent variable)들에 의해 결정되는 내생변수이기 때문에 성장의 결정요인은 물론 분배의 결정요인, 나아가 두 변수 간의 인과관계를 확인하기가 그리 용이하지 않은 것이 현실이다. 따라서 이런 상관관계 자료만을 가지고 심각한 정책 제안을 하는 데는 논리적으로 큰 무리가 있었다. 왜냐하면 인과관계가 보다 명확해야 원인 변수에 어떤 정책적 변화를 통해 결과에 영향을 미칠 수 있을 것이기 때문이다.

그런데 최근 들어 이런 상관관계 확인 수준의 분석을 통해 얻어지는 소득불평등과 성장 간의 부의 상관관계(사실상 이 결과가 그렇게 확실하지도 않지만)에 기초하여, 성장이 소득분배를 악화시킨다거나 소득분배의 악화가 사회적 갈등을 조장하여 성장을 훼손한다는 인과관계로 해석하는 경향이 많아지고 있다. 특히 성장보다 분배에 더 가치를 두는 평등주의 학파 입장에서는 성장추구 정책보다도 강력한 재분배 정책을 통해 소득분배를 개선함으로써 분배도 개선하고 나아가 성장도 도모할 수 있다는 주장들을 펴고 있다. 심지어 여기에다 마르크스의 자본주의 모순론이 가세하면서 자본주의를 개혁하기 위해서는 보다 강력한 소득재분배 정책이 필요하다는 주장들이 난무하고 있다.[3]

그런데 이런 주장들은 결국 내생변수를 내생변수로 설명하겠다는 가장 초보적인 동어반복적 주장(tautology)을 못 벗어나게 되는 것이다. 성장이나 소득분배의 결정에 대한 이론적 분석틀도 없이, 그리고 분명한 인과관계에 대한 이론이나 실증검증도 없이 동어반복적 순환론법에 빠진 것이 지금의 경제평등주의 학파라고 할 수 있다. 경제평등의 이념이 앞서니 실증과학적 분석은 소홀해질 수밖에 없는 것이다. 더구나 이들은 세계 제2차 세계대전 이후 공산주의의 발호를 막기 위해 지난 60여 년간, 이른바 수정자본주의, 사회민주주의라는 이름하에 전 세계 자본주의국가들이 너도 나도 소득재분배 정책을 적극 시행해 왔다는 사실과 더구나 그러함에도 불구하고 소득분배는 더 악화되어 왔다는 사실에는 눈을 감고 있는 것도 신기한 일이다. 사실상, 피케티의 주장도 이런 부류를 못 벗어나고 있다.

경제학의 의무는 경제현실을 설명(explain)하는 데 있으나 대부분의 주류 신고전파 성장이론(특히 성장회계분석이론)들은 설명보다도 현실을 기술(describe)하는 데 만족한다. 예컨대 자본과 노동과 기술이 경제성장을 설명한다는 주장은 동어반복적 주장이다. 왜냐하면 자본과 노동과 기술 자체가 내생변수이기 때문이다. 왜 어떤 경제는 자본축적을 잘하고, 노동의 생산성을 높이고 기술혁신을 하는데 왜 다른 경제는 못하는가를 설명해 내지 못한다면 그저 동어반복이 되는 셈이다. "좋은 일을 잘하면 좋아진다"는 주장과 다르지 않은 것이다. 동어반복적 설명이나 내생변수에 의한 내생변수의 설명 등은 사실상 설명이 아니라 기술(describe)에 불과한 것이다.

경제현상의 원인을 찾아 그 현상을 논리적으로 설명하고 필요하면 정책을 통해 그 원인을 고쳐 경제현실을 바꿔나가고자 하는 것이 경제학이 할 일인데도, 원인을 구명하려는 노력보다는 경제현실을 그냥 기술하고 그 현실이 마음에 안 들면 그 원인을 살핌이 없이 바로 현실을 뜯어 고치려드는 경우가 많다. 이러한 대증적 처방은 많은 경우 원인 처방이 없기 때문에 경제주체들을 불편하게 하여, 다른 말로 거래비용을 높여 오히려 경제를 더 악화시키는 경우가 허다하다. 경제사회의 제도적 환경은 갑이라는 행위를 하는 것이 유리하도록 되어 있는데 이를 살피지 않고 을이라는 행위가 좋다고 강제로 을이라는 행위를 하도록 하면 개인이나 기업들은 모두 어려움을 겪을 수밖에 없는 일이 아니겠는가? 원인이 되는 제도적 환경을 개선하면 모두가 순리에 따라 그 행동을 바꿔 나갈 것인데도 행동 자체를 규제하려는 것은 항상 경제에 부담이 되는 것이다.

최근 평등주의 학파들의 학문 태도는 경제의 현실이 불평등하다고 기술은 하지만 그 원인은 제대로 설명하지 못한 채 불평등한 결과를 평등한 결과로 바꾸는 대중적인 처방에 매달려 오히려 경제를 더 어렵게 만드는 일을 하고 있는 셈이다.

Chapter 4

경제적 불평등 없이 경제번영은 없다[4]

필자는 오랫동안 "자유가 번영을 가져올 수 있는 이유는 바로 자유가 경제적 불평등을 초래하기 때문이다. 경제적 자유와 불평등은 동전의 양면과 같다. 설령 경제적 자유가 있다 하여도 경제적 불평등을 수용하지 못하는 사회는 번영을 누릴 수 없다"라는 주장을 해왔다.

이 명제가 바로 신고전파 성장론의 평등주의 성향과 좌파 평등주의 학파의 순환론법을 극복하고 나아가 마르크스를 극복할 수 있는 길이라고 생각한다. 또한 포퓰리즘 민주주의를 극복하기 위한 대안 모색의 핵심명제가 될 수 있다고 생각한다. 더구나 한국경제의 경우는 이 명제가 박정희 시대의 성공은 물론 오늘날의 경제 어려움을 설명할 수 있다.

1. 시장의 기능에 대한 재해석

이쯤에서 이른바 시장이라는 장치가 하는 일을 생각해 볼 필요가 있다. 시장에서 우리가 하는 일이란 바로 우리에게 경제적으로 예쁘게 구는, 즉 우리의 구미에 맞는 재화와 서비스를 공급하는 기업과 개인들에게 더 많은 구매력(돈)으로 투표함으로써 우수한 경제주체들에게 경제력을 집중시키는 일이다. 그러니 시장은 바로 경제적 불평등의 원천인 셈이다. 필자는 이를 일컬어 '시장의 경제적 차별화 기능'이라 명명하였다. 자유로운 시장은 바로 경제적 불평등을 무기 삼아 우리 모두를 부의 창출 경쟁에 나서게 유인하는 것이다. 경제적 자유가 번영을 가져오는 이유가 바로 시장의 원초적 기능인 경제적 차별화와 이를 통한 불평등 조장 기능을 잠재적으로 더 강화할 수 있기 때문임을 이해할 수 있으리라. 이른바 재산권의 보장이 번영의 길이라 하는데, 이 또한 시장의 차별화 기능을 증폭시켜 경제적 불평등을 가져오기 때문에 그러한 것임을 알 수 있으리라. 시장은 경제적 번영의 원천이지만 동시에 경제적 불평등의 원천인 셈이다.

경제적 불평등은 우리의 삶의, 혹은 시장의 모순이 아니라 우리가 만들어 내는 자생적 질서이며, 이 힘이 우리가 사는 세상을 역동적이고 창조적이며 심지어 살맛나게 만드는 힘인 것이다. 좋든 싫든 경제적 불평등이 없는 사회는 경제적 하향평준화로 가는 죽음의 사회이며, 자유야말로 경제적 불평등 위협을 강화함으로써 모두를 번영의 길로 이끄는 수단임을 직시해야 한다. '자유의 패러다임'이라는 동전의 한 면만 볼 것이 아니라 '불평등의 패러다임'이라는 같은 동전의 또 다른 면을 같이 볼 수 있다면, 좌파 평등주의자들의 '평등의 패러다임'이 얼마나 큰 모순을 안고 있는지 쉽게 보일 것이다.

2. 경제적 차별화 발전원리

그럼 이제 시장에 대한 새로운 이해를 바탕으로 경제성장과 발전은 어디서 오며, 경제적 불평등과의 관계는 어떠한지를 설명해 보고자 한다. 이하의 논의는 필자의 그동안의 연구 결과를 바탕으로 요약한 것이다.

① 경제의 성장과 발전은 흥하는 이웃의 성공 노하우를 복제, 무임승차하여 사회구성원 모두가 흥하는 이웃으로 변신하는 문화진화 과정이다. 그래서 흥하는 이웃이 있어야 나도 흥한다. 앞선 자의 노하우가 흘러내려야 시너지가 창출되고 모두가 발전한다.

② 경제발전을 향한 동기부여의 기본 전제는 성과와 보상의 일치이다. 성과에 따른 보상의 차별화가 발전을 향한 동기부여와 성공경쟁의 추동력이다. 따라서 시장의, 성과에 따른 보상의 차별화 기능이 경제발전의 원동력이다. 시장은 불평등의 위협을 통해 동기를 부여하고 발전을 추동한다. 시장의 (보상) 차별화 기능이 불평등과 발전의 원천이다.

③ 그렇기 때문에 경제의 지속가능한 성장과 발전을 견인하는, 차별화된 보상시스템에 부응하는 발전 친화적 불평등 수준이 존재한다. 경제적 불평등은 그래서 성장과 발전의 필요조건이다.

발전 친화적 불평등 수준은 그 나라의 문화, 역사적 전통, 이념, 가치관 등 그 사회의 경제적 평등관을 결정하는 다양한 비공식적 제도에 크게 의존한다. 역사적 전통이나 가치관이 평등이념을 선호하는 사회와 그렇지 않은 사회는 발전 친화적 불평등 수준이 다를 수 있을 것이다.

④ 그러나 시장은 경제 발전을 일으킬 수 있는 성과와 보상의 일치 작업, 즉 발전 친화적 불평등 상태를 만들어 내는 경제적 차별화에 실패한다. 이는 발전이 남의 성공 노하우에 대한 복제, 무임승차를 수반하는 특이한 현상이기 때문이다. 시장은 정보의 불완전성과 그로 인한 거래비용 때문에 무임승차당하는 흥하는 이웃에 대한 정확한 성과 평가와 보상, 즉 완벽한 경제적 차별화에 실패한다. 물론 거래비용은 시장거래가 거래조건에 대한 쌍방 간의 수평적, 자발적 합의를 전제로 하며 합의에 수반하는 협상이 불가피하기 때문에 발생하지만, 그 근본은 정보의 불완전성에서 기인하는 것이다.

⑤ 그래서 시장은 애초부터 흥하는 이웃에 불리하게 기울어진 운동장이다. 흥하는 이웃이 그렇지 않은 이웃을 무임승차, 즉 착취하는 것이 아니라 그 반대이다. 흥하는 이웃의 착취 때문에 내가 망한다고 설파한 마르크스는 시장과 세상의 이치를 거꾸로 본 것이다. 그래서 무임승차당하는 흥하는 이웃은 많이 생기지 않으며, 발전은 아무 때나, 아무나, 아무 경제나 이룰 수 있는 것이 아니다. 그래서 시장만으로 경제발전을 일으키기는 역부족이다.

⑥ 그러나 자본주의 경제는 주식회사라는 사회적 기술을 발명했다. 주식회사라는 기업제도는 전통 농경사회의 가내기업에서 자본베이스를 무한대로 확대하여 창발한 복잡계로서, 수직적 명령체계를 이용하여 거래비용을 최소화함으로써 조직원들에 대한 성과 측정과 보상의 일치 작업에 전문화된 조직이다. 주식회사 제도는 그래서 잠재적으로 거래비용이 너무 높아 시장경제활동이 불가능한 영역을 개척하여 새로운 부가가치를 창출함으로써 시장의 영역을 확대시키는 시장의 창출자이다. 주식회사라는 기업의 성장, 발전 없이 자본주의 경제의 발전은 불가능하였으며 앞으로도 그러할 것이다.

⑦ 그러나 기업이라는 조직도 바로 경제의 일원으로서 문화진화 현상으로서의 발전의 무임승차 현상에 노출된다. 흥하는 기업은 다른 모든 기업에 의한, 흥하는 문화유전자, 즉 성공 노하우의 무임승차 대상이 될 수밖에 없으며, 흥하는 기업은 그래서 쉽게 생기지 않는다. 시장의 차별화 기능만으로 세계적 기업(world class corporation)을 일으켜 내기는 어렵다. 소니(Sony)와 노키아(Nokia)의 몰락과 삼성의 무임승차를 통한 추월, 애플(Apple)과 삼성의 치열한 지적재산권 다툼, 토요타(Toyota)의 토요타 생산방식에 의한 성장과 추격자들의 무임승차에 따른 어려움 등이 시사하는 바와 같이 세계 최고의 기업들은 다른 모든 유사업종 기업들의 무임승차를 피할 길이 없으며 그래서 "일등기업은 영원할 수 없다"라는 진리를 깨우쳐 주고 있다.

⑧ 따라서 정부가 스스로 도와 흥하는 이웃들을 우대하여 시장의

차별화 기능실패를 보정하여야 경제발전을 일으킬 수 있다. 이를 정부의 경제적 차별화 기능이라 할 수 있다. 성과에 따른 보상의 차등제도, 즉 차별적 인센티브 제도의 도입을 통해 시장이 완벽하게 하지 못하는 성과와 보상의 일치를 실현함으로써, 발전을 일으킬 수 있다. 정부의 산업 정책의 성공 요인도 바로 기업들의 시장 성과에 따라 차별적 지원 제도를 구축하는 일이다. 그러나 정부가 차별화 원리에 역행하여 (예컨대 재분배 정책 등을 통해) 불평등의 수준을 더 낮추면, 경제 발전은 점점 더 어려워진다. 사회 전체가 성과에 비해 항상 미흡한 보상 체제하에 있게 되면 동기도 경쟁도 성장도 발전도 없는 평등하지만 정체된 사회로 전락하게 된다. 발전 친화적 불평등 수준 이하로 불평등을 낮추면 바로 그 사회의 동기부여 장치는 약화되고 사회 전체의 사보타지(sabotage)가 일상화될 것이기 때문이다. 주류경제학은 생산성에 따라 보상이 결정되어야 한다고 하지만, 사실은 보상에 따라 생산성이 달라질 수 있기 때문에 더욱 그러하다.

⑨ 그래서 불평등을 적정 수준 아래로 낮추는 경제평등주의 정책은 경제정체의 충분조건이다. 정부는 공식적 제도를 항상 흥하는 이웃, 즉 스스로 돕는 자를 우대하는 방향으로 정착시켜 발전 친화적 불평등 수준을 복원하여야 경제발전을 일으킬 수 있다.

⑩ 그러나 오늘날 민주정치하에서 정부의 지원 정책이나 경제 제도를 법제화하는 것은 의회이다. 따라서 정치권이 시장의 차별화 기능을 이해하고 국민들이 자신의 노력과 성과에 맞게 보상

을 받을 수 있는 경제사회적 분위기와 제도를 만들어 내는 것이 대단히 중요하다. 만일 역으로 정치가 나서서 경제적 차별화 원리에 역행하는 제도와 정책을 만들어 내면 국민들은 동기부여가 되지 않아 너도나도 일 안 하기, 즉 사보타지에 몰입하고 경제는 정체의 길로 가게 된다. 이런 관점에서 보면 오늘날 민주화된 많은 선진국이나 후진국이 겪고 있는 장기 성장정체 현상도 많은 경우 1인1표의 민주주의의 부작용인 평등민주주의하에서 등장하는 경제평등주의 정책 체제가 그 원인임을 이해하기는 어렵지 않을 것이다.

⑪ 그래서 경제발전은 시장과, 기업, 정부, 정치가 모두 우수한 기업과 경제인, 근로자들을 무임승차를 보상하는 차원에서 차별적으로 더 대접하고, 그 공을 인정함으로써만 가능해진다. 그래서 경제발전의 큰 원리를 다음과 같이 정리할 수 있다. 첫째 원리는, "'경제적 차별화'는 경제발전의 필요조건인 반면 '경제평등주의'는 경제정체의 충분조건이다." 둘째로 정치의 중요성을 감안하면, "'정치의 경제화'는 경제발전의 필요조건인 반면 '경제의 정치화'는 경제정체의 충분조건이다." 여기서 '경제적 차별화'는 경제적으로 다른 것을 다르게 취급하는 것을, '경제평등주의'는 경제적으로 다른 것을 같게 취급하는 것을 의미한다. 그리고 '정치의 경제화'는 정치적 고려를 배제한 경제적 차별화 원리의 실천을, '경제의 정치화'는 정치적 고려하에 경제적 차별화 원리를 포기하는 것을 의미한다.

3. 경제적 차별화 발전원리의 주요 시사점

① 경제적 불평등은 시장질서의 본질이다.

② 경제성장과 발전은 평등을 불평등질서로 바꾸는 과정이다.

③ 경제발전은 불균형적 현상(lopsided affair)이며 경제력의 집중현상을 수반한다.

④ 시장질서만으로 경제적 도약은 힘들다. 시장은 높은 거래비용 때문에 완벽한 경제적 차별화에 실패한다.

⑤ 주식회사 기업제도의 번영 없이 자본주의 경제의 발전은 어렵다. 기업은 시장의 차별화 기능 실패의 제1차적 해법이다. 경제발전은 기업의 성장 과정이다.

⑥ 정부와 정치의 스스로 돕는 자를 돕는 경제적 차별화 정책과 제도의 정착이 발전의 필요조건이다. 역으로 경제평등주의 정책과 제도는 경제정체의 충분조건이다.

⑦ 경제적 결과의 불평등은 번영의 전제조건이다. 경제적 기회는 스스로 돕는 자에게만 주어지는 선물이다. 국가는 법 앞의 평등만을 보장할 수 있을 뿐이다.

⑧ 정부와 정치에 의한 경제적 차별화 정책과 제도의 정착은 미약한 시장의 기능과 영역을 확대하고 경쟁을 촉진하는 정책기제이다.

⑨ 민주주의와 시장경제는 양립하기 어렵다. 왜냐면 1인1표 민주주의는 궁극적으로 경제적 결과의 평등을 추구하는 평등민주주의로 이행하게 되기 때문이다.

⑩ 마르크스의 "흥하는 이웃이 있어 내가 망한다"라는 이념은 시장의 이치와 불평등을 거부하고 그래서 아예 번영을 거부하는 이념이다.

⑪ 시장 제도의 핵심인 경제적 선택의 자유와 사적재산권 제도는 경제적 불평등을 조장함으로써 동기부여를 통해 경제발전을 견인한다.

⑫ 비민주적이고 반자유적인 정치 체제의 경제 성공사례는 정부가 스스로 돕는 자를 도움으로써, 경제적 차별화를 통해 성과와 보상을 일치시켜 동기를 부여하고 경쟁을 촉진시킬 수 있었기 때문이다. 박정희의 성공도 바로 이 원리, 즉 경제적 차별화 원리의 실천을 통해 가능했다. 그리고 결과적으로 시장을 확대하고 경쟁을 촉진시켰다.

⑬ 지금의 한국경제의 저성장과 분배 악화는 물론 오늘날 유사한 세계 자본주의의 위기 또한 발전 친화적 불평등(수준)을 거부하는 지나친 평등주의를 추구해 온 결과이다. 이 모든 문제의 배후에는 경제적 결과의 평등을 추구하는 평등민주주의가 그 원인으로 자리 잡고 있다.

Chapter 5

피케티의 오류와 위험한 주장들

1. 내생변수를 조작하는 대증요법으로 경제왜곡과 성장둔화의 심화를 초래할 것이다

피케티는 경제변수 간의 복잡한 상호작용을 통해 나타나는 결과변수인 소득, 혹은 부의 불평등을 직접 재분배 정책을 통해 보다 평등한 결과로 전환시켜야한다고 주장한다. 내생변수를 자의적으로 조작하는 정책은 반드시 경제행태와 자원배분의 왜곡을 초래하고 실패를 가져온다. 마치 성장도 불평등도 정부의 자의적 정책조작 변수인 것처럼 보고 있으나 이들은 내생변수로서 정책조작 대상이 아니다. 그의 자본주의 근본법칙이라는 방정식에 등장하는 변수들치고 어느 하나도 외생성이 있는 원인변수라고 볼 수 있는 것들이 없다. 소득성장률이 그렇고 자본수익률이 그렇고 저축률이 그렇고 자본·

소득분배비율이 다 그렇다.[5] 더 근본적인, 성장이나 자본수익률이나 불평등도의 결정 요인을 구명하는 노력이 없다. 경제 내의 인센티브 구조를 결정하고 나아가 경제의 성과와 구조를 결정하는 원인 변수인 경제제도에 대한 고려가 전혀 없다.

피케티가 주장하는 것처럼 원인 치유는 없이 강력한 재분배 정책을 통해 결과평등을 추구하는 대증요법은 시장의 동기부여 기능을 차단하고 사보타지의 일상화를 조장함으로써 성장을 더 어렵게 하여 오히려 불평등을 심화시킬 것이다. 그가 우려하는 불평등의 치유가 아니라 오히려 불평등을 더 심화시키게 될 것이다.

2. 성장회복 대책이 재분배 정책보다 더 시급하다

피케티의 기본 방정식에 의하면 자본수익률에 비해 상대적으로 낮은 경제성장률과 불평등 심화가 상호연관성이 있는 것으로 볼 수 있다.[6] 이 논리를 따른다면 자본수익률이 너무 높은 것도 문제일 수 있지만, 오히려 낮은 성장률 또한 문제일 수 있는 것이다. 그러나 그는 불평등이 사회불안의 원인이 될 것이기 때문에 이를 완화하기 위해서는 불평등을 낮추기 위한 재분배 정책을 강화해야 한다고 주장하고 있다. 필자의 눈에는 성장률을 회복하는 정책이 더 시급해 보이는데 오히려 거꾸로 불평등을 강제로 교정해야 한다는 논리를 전개하고 있어 보인다. 즉 불평등을 인위적으로 교정하면 사회갈등이 낮아져 성장도 회복된다는 논리인 것이다.

그러나 차별화 발전 원리에 따르면 불평등의 강제 교정은 바로 사회구성원 전체의 사보타지로 연결되어 오히려 성장을 저해할 수 있음을 명심해야 한다.

3. 지난 50~60년 동안 경제 불평등을 심화시켜 온 재분배 평등주의 정책의 공과와 지난 200여 년 동안 번영해 온 자본주의 경제의 공과를 간과하고 있다

주지하는 바와 같이, 제2차 세계대전 이후 전 세계가 사회주의는 물론 자본주의마저도 수정자본주의 이념에 따라 경제적 평등을 위한 재분배 정책을 일반화, 강화해 왔음에도 그동안 저성장 추세가 고착화되고 소득불평등은 더 심화되어 왔다. 이러함에도 불구하고 피케티는 재분배 정책의 효과에 대한 충분한 분석이 없이 이를 단지 경제의 성숙 때문에 성장률은 자연히 떨어지고, 소득과 부의 불평등은 자본주의의 본질 때문이고, 1980년대 영미에서 시도한 규제완화가 사태를 악화시켰다고 주장하고 있다.

결국은 모든 문제가 마르크스의 주장처럼 자본주의의 본질적 모순 때문이라는 주장인 셈인데, 지난 200여 년 동안에 걸쳐 인류가 그 이전의 수천 년 동안 지속되어 온 농경, 빈곤사회로부터 자본주의 시장경제를 바탕으로 번영하는 사회로 탈바꿈해 온 역사적 사실에는 완전히 눈감은 견강부회(牽强附會)적 주장이 아닌가 한다.

4. 자본주의 체제의 본질에 대한 오해

피케티는 최근의 소득분배가 산업혁명 이전, 농경사회의 최악의 상황과 유사하게 악화되고 있음을 발견하고, 자본주의의 모순성을 설득하려 애를 쓰고 있는데, 두 가지 측면에서 실패하고 있다. 우선은 똑같은 소득불평등도 아래에서도 두 체제의 근본적 차이는 농경사회는 절대빈곤의 맬서스 함정(Malthusian trap) 속에서 거의 모두의 삶의 수준이 생계유지 수준을 못 벗어난 반면, 자본주의 경제는 적어도 그가 분석하고 있는 선진국들의 경우 빈곤 문제를 거의 벗어났다는 점을 무시하고 있다. 두 번째로 과거 농경사회의 경우나 지금의 경우나, 소득불평등의 심화 현상을 이른바 부자와 가난한 계층 간의 소득 혹은 부의 양극화(polarization) 현상이라 주장들을 하고 있지만, 이는 양극화 현상이 아니라 중산층이 사라지면서 최상위 슈퍼부자(super rich) 일부만을 제외한 모든 사람이 다 빈곤층으로 전락하는 전 인구의 경제적 하향 궁핍화 현상이 일어나고 있는 것임을 보지 못하고 있다.

차별화 발전 원리에 의하면 이런 현상은 농경사회에서는 경제적(선택의) 자유의 제약, 개인재산권 보호제도의 취약 등으로 모두에게 일할 동기가 차단된 결과라고 한다면, 지금의 경우는 경제적 자유와 재산권이 보장되고 있다고는 하나 재분배 정책으로 결과의 평등을 추구한 결과 사실상 동기부여가 차단되어 경제발전이 정체되고 있기 때문인 것이다. 어느 경우나 발전친화적 불평등(수준)에 배치되는 인위적으로 강요된 과도한 평등상태가 과도기적으로는 분배불평등이나 혹은 양극화처럼 보이지만 궁극적으로는 전 인구의 궁핍화를 조장할 수밖에 없는 것이다.

5. 사회갈등의 원인은 경제적 불평등 그 자체보다도 이를 자본주의의 모순이라는 마르크스 이념 때문이다

피케티는 경제적 불평등이 사회갈등의 원인이며, 사회갈등은 나아가 성장에 장애가 되기 때문에 하루 속히 이를 불식하기 위해 강력한 재분배 정책을 펴야 한다고 주장하고 있으나 그는 여전히 이 모든 문제의 근본 원인이 무엇인지에 대해 천착(穿鑿)하지 않고 있다.

필자의 소견으로는 사회갈등의 근본 원인은 마르크스의 잘못된 자본주의 모순론과 이를 따르는 평등주의 정치이념에 기초한 수정자본주의, 사회민주주의 등의 평등민주정치하의 평등주의 경제 체제에 있다고 생각한다. 평등주의 재분배 정책 체제가 그동안 동기를 차단함으로써 경제적 하향 궁핍화와 그로 인한 경제적 불평등을 조장해 왔을 뿐만 아니라, 평등민주정치가 많은 사람들에게 불평등이 자신의 책임이라기보다 사회나 타인의 책임이라고 믿게 오도함으로써 오히려 사회갈등을 조장해 왔다고 생각한다. 즉 인류의 집단적 도덕적 해이 혹은 집단적 무책임성이 바로 사회갈등의 원인이라는 사실에 눈을 감아서는 안 된다. 1인1표 민주주의의 종착역은 경제적 결과평등의 추구일 수밖에 없음을 잊지 말아야 한다.

따라서 현재의 상태보다 더한 강력한 재분배는 오히려 모두의 하향평준화를 더 가속시켜 이른바 양극화를 더 심화시킬 가능성이 높기 때문에 현재의 상황을 개선하기보다 오히려 더 악화시킬 가능성이 높다고 생각한다. 제안하건대 "흥하는 이웃이 있어 내가 흥한다"라는 자본주의의 경제발전의 올바른 이념을 전파하고 시장, 즉 우리가 사는 세상의 이치를 제대로 사람들에게 알려 '불평등 속의 행복'의 길을 찾도록 유도하는 것이 보다 근본적인 처방이 되지 않을까 생각한다. 이른바 지식인이나 정치인이라는 자칭 정치사회 지도자라는 사람들부터 마르크스의 망령에서 벗어나는 것이 시급한 과제인 것처럼 보인다.

피케티는 마르크스의 "흥하는 이웃이 있어 내가 망한다"라는 잘못된 자본주의 이념을 실증 자료를 통해 확신시키려 했지만 설득력이 있게 성공한 것처럼 보이지 않는다.

Chapter 6

자유시장도 민주주의도 하느님이 아니듯이 경제평등도 하느님이 아니다

실사구시(實事求是)를 떠나 이상을 강요하게 되면 우매한 백성은 항상 엄청난 조정비용을 들여야 한다. 자유주의 우파의 자유시장이나 민주주의도 신격화 혹은 도그마(dogma)가 되어 이른바 지상주의(至上主義)가 되면 부작용을 피할 수 없게 된다. 마찬가지로 좌파 경제평등주의도 신격화 혹은 도그마가 되면 오히려 도와주려는 수많은 '가진 것이 많지 않은 사람들'을 더 궁핍의 나락으로 내몰 수 있음을 잊어서는 안 된다.

경제평등의 하느님은 빈곤의 보편화를 선물할 것이다. 사회주의의 경험과 그 종말이 바로 이를 입증하는 것이 아니겠는가? 경제적 결과의 평등이나 더 나아가 이른바 실체적 (종국적으로는 결과의 평등을 지향하는) 기회평등의 끝은 모두가 행복한 세상이 아니라 전(前)자본주의적 농경사회나 사회주의 체제의 마지막처럼, 시장의 작동은 정체되고, 성공과 성취의 기쁨도 없는 살맛 없는 정체의 사회, 그래서 더 종국적으로는 모두가 궁핍해지는 사회로의 회귀일 것이다.

물론 현실경제에서 가진 자들의 기득권 세력화와 정경유착, 경제적 독점화, 혹은 정부의 잘못된 정책 등으로 인해 초래되는 경제적 기회나 결과의 불평등을 해소하고 보다 공정한 경쟁사회를 건설하기 위해 노력해야 함은 재론의 여지가 없을 것이다.[7] 그러나 '경제적 불평등' 그 자체가 갖는 인간 삶에 있어서의 본질적인 의미를 잊어버리지 않도록 노력하는 것도 역시 중요하다 생각한다.

우리는 시장의 구성원으로서 경제적 차별화를 통해 훌륭한 기업과 개인에게만 성원을 보내어 항상 경제적 불평등 만들어 내면서도, 돌아서면 평등이 좋다고 정치적 발언을 밥 먹듯이 하는 표리부동한 군상들인 셈이다. 민주정치가 여기에 기름을 붓기 시작하면 평등주의 경제정책 체제가 등장하고, 불평등과 발전을 만들어 내는 시장의 기능은 더 이상 작동할 수 없고, 경제 내에 일할 동기는 사라지고 사보타지가 만연하게 되면 경제는 바로 오늘날 우리가 직면하는 모습을 띄게 되는 것이다.

오늘날, 자본주의의 문제라는 이른바 양극화 등 각종의 '자본' 때문에 생긴다는 문제들은 사실상은 자본주의의 문제라기보다 시장 위에 군림하는 민주주의, 특히 포퓰리즘에 빠진 평등민주주의에서 연유하는 것이다.

사회주의는 물론 평등민주주의에 의해 왜곡된 자본주의를 구하는 것이 시급한 과제이다. 나아가 필자는 오늘날의 민주주의는 평등민주주의를 넘어 정실민주주의(crony democracy)화되고 있으며, 이것이 바로 자본주의를 왜곡하는 주범이라고 생각한다. 정실 자본주의가 아니라 정실 민주주의가 전 세계경제 발전의 아킬레스건이 되고 있다고 생각한다.[8]

Chapter 7

맺음말 : 실사구시(實事求是) 경제발전관이 시급하다

마지막으로 이 모든 경제 논쟁의 중심에는 이념과 제도를 사상한 신고전파 주류경제학이 있음에 눈을 감아서는 안 될 것이다. 이미 지적한 대로 가장 보편화된 신고전파 성장모형이 피케티의 극단적 평등주의 정책 주장을 뒷받침하고 있음을 웃어야 할 일인지 울어야 할 일인지, 황당하기까지 한 일이라고 생각한다. 경제학은 좌파인가 우파인가? 아마 주류경제학은 경제학의 이념과 제도를 넘는 보편성을 자랑하리라.

그러나 이것 자체가 경제학이 얼마나 현실과 동떨어진 학문인가를 여실히 보여 주는 것이기도 하다. 이념이 모든 경제제도, 경제정책의 원천임에도 경제학은 이를 굳이 모른 척하고 진공 속의 경제만을 분석하고 있는 것이다. 같은 경제학을 공부하고 정책은 이념에 따라 극우에서 극좌까지 멋대로 해도 되는 경제학이 어떻게 실사구시적인 현실학문이라 할 것인가? 그래서 경제학은 이제 이미 정치철학의 하위학문으로 전락했다. 좌파의 주장을 정당화하기도 하고 우파의 주장을 정당화하기도 한다. 이는 바로 경제학이 원하는 이념을 정당화할 수 있는 기술로 전락했다는 증거이기도 하다. 그래서 경제학과 경제는 다르다는 자조가 나오기도 하는 것이다. 우리는 모두 각자의 세계관과 인생관에 따라 삶과 경제생활은 영위하면서도 어떤 세계관, 인생관이 각자의 경제적 번영에 도움이 되는지도 모르고 사는 꼴인 것이다.

이런 현실이 타파되지 않는 한 피케티와 같은 '경제를 모르는 경제학 기술자'들이 세상을 가지고 노는 일은 계속될 것이다. 이에 필자는 경제학이 실사구시적 기반 위에서 다시 쓰여야 한다고 주장한다. 실사구시 경제학이 현실에 기반을 두어 좌파, 우파 혹은 어떤 이념이 나의 성공, 국민경제의 발전에 기여할 수 있는지 실증과학적으로 증명 혹은 구명해 내지 못한다면 인류의 경제 미래도 밝지 않다고 주장한다. 좁은 소견이지만, 사회과학으로서의 경제학의 중요 책무 중의 하나는 궁극적으로 다양한 이념의 현실 경제 이치 혹은 상식과의 정합성 여부를 구명함으로써 국가와 국민, 기업의 경제 성공의 길을 찾는 데 기여하는 것이라고 생각한다. 바로 이런 인식하에 시도된 필자의 새로운 경제학 쓰기 노력의 일단을 '경제적 차별화 발전이론'으로 아주 간략하게 소개하였으며, 이를 통해 피케티와 같은 경제평등주의자들의 주장의 현실적 타당성을 밝혀보고자 하였다. 물론 성공 여부의 판단은 독자들의 몫이지만…….

참고문헌

아나톨 칼레스키, 위선주 옮김, 『자본주의 4.0』, 컬처앤드스토리, 2011.

좌승희, 『신국부론』, 굿 인포메이션, 2006.

좌승희, 『발전경제학의 새 패러다임』, 율곡, 2011.

좌승희, 『경제발전의 철학적 기초』, 서울대출판문화원, 2012.

좌승희·김창근, 『이야기 한국경제』, 일월담, 2010

Thibeault, A. D., *An Executive Summary of Thomas Piketty's Capital in the Twenty-First Century*, Createspace, 2014.

Ferreira, Francisco H. G., Lakner, Christoph, Lugo, Maria Ana, and ÖOzler, Berk, *Inequality of Opportunity and Economic Growth: A Cross-Country Analysis*, Policy Research Working Paper 6915, Poverty and Inequality Team, Africa Region Office of the Chief Economist & Development Research Group, The World Bank, 2014.

Mankiw, N. Gregory, *Defending the One Percent*, Forthcoming, *Journal of Economic Perspectives*, June 8, 2013.

Reich, Robert B., *Supercapitalism: the Transformation of Business, Democracy, and everyday life*, Alfred A. Knopf, New York, 2007.

Stiglitz, Joseph, *The Price of Inequality*. W. W. Norton and Company, 2012.

Piketty, Thomas, *Inequality & Capitalism in the Long-Run* (PPT presentation), OECD, October 21st, 2013.

Piketty, Thomas, *Capital in the Twenty First Century*, (Translated by Arthur Goldhammer), The Belknap Press of Harvard University Press, Cambridge, MA, 2014.

주

1. 경제평등의 이념을 제일의 가치로 내거는 좌파 반자유주의 주창자들을 시장 자유주의자들에 대비하여 경제평등주의 학파라 부를 수 있을 것이다.

2. Ferreira et la. (2014)
3. Reich(2007), 아나톨 칼레스키(2011), Stiglitz(2012), Piketty(2014) 등이 정도의 차이는 있지만 직 간접으로 이런 주장들과 연관되어 있다.
4. 이 절의 논의는, 졸저(2006; 2010; 2011; 2012)의 연구 결과에 기초하고 있다.
5. 그가 제시하는 제1, 제2의 자본주의 기본 법칙에 대한 방정식을 결합하면 다음과 같은 관계식을 얻을 수 있다.

$$(\text{자본소득분배율}) = (\text{자본수익률}) \times \frac{(\text{저축률})}{(\text{소득성장률})}$$

따라서 자본수익률이 소득성장률에 비해 보다 높아지면 자본에 대한 분배율이 더 높아져 부의 불평등이 더 심화되게 된다고 주장한다. 이 방정식은 항등식이지 인과관계식이 아니다.
6. 앞의 주 **5.** 참조.
7. 이런 관점에서 Stiglitz(2012) 등, 일부 평등주의자들의 유사한 주장들에 대해서는 경청할 점이 있다고 생각한다.
8. 정실자본주의가 경제적 합리성보다도 개인적 친소관계를 중시하는 자본주의라면, 정실민주주의는 의회가 경제정책 권력이 되면서 표의 과다에 기초한 봐주기 식 정책결정을 일삼는 이해관계 민주주의를 의미한다. 이 용어는 저자의 창안이다. 포퓰리즘적 평등민주주의는 다수의 저소득층의 재분배 요구에 영합하는 정실민주주의의 한 형태라 할 수 있다.

피케티의 『21세기 자본』 바로읽기

펴낸날 초판 1쇄 2014년 8월 15일
초판 5쇄 2014년 10월 10일

지은이 안재욱, 현진권 편저
펴낸이 김광숙
펴낸곳 백년동안
출판등록 2014년 3월 25일 제406-2014-000031호

주소 경기도 파주시 광인사길 30
전화 031-941-8988 팩스 070-8884-8988
이메일 on100years@gmail.com

ISBN 979-11-952638-6-8 03300

※ 값은 뒤표지에 있습니다.
※ 잘못 만들어진 책은 구입하신 서점에서 바꾸어 드립니다.

이 도서의 국립중앙도서관 출판시도서목록(CIP)은 서지정보유통지원시스템 홈페이지(http://seoji.nl.go.kr)와 국가자료공동목록시스템(http://www.nl.go.kr/kolisnet)에서 이용하실 수 있습니다.(CIP제어번호: CIP2014012340)

책임편집 홍훈표